시장 경제
보이지 않는 손이 마술을 부려요

생각학교 초등 경제 교과서 ❶ 시장 경제 개정판

초판 1쇄 발행　2011년　1월 10일
개정판 1쇄 발행　2021년 11월 10일
개정판 2쇄 발행　2022년　4월 19일

지은이 김상규
발행인 박효상
편집장 김 현
편집 장경희
디자인 임정현　**표지·본문 디자인·조판** 허은정
마케팅 이태호 이전희
관리 김태옥

종이 월드페이퍼　**인쇄·제본** 예림인쇄·바인딩 | **출판등록** 제10-1835호
펴낸 곳 사람in | **주소** 04034 서울시 마포구 양화로11길 14-10(서교동) 3F
전화 02) 338-3555(ft) **팩스** 02) 338-3545 | **E-mail** saramin@netsgo.com
Website www.saramin.com

책값은 뒤표지에 있습니다.
파본은 바꾸어 드립니다.

ⓒ김상규 2021

ISBN 978-89-6049-915-7　74320
　　　978-89-6049-914-0 (set)

생각학교
초등 경제 교과서

김상규 교수(경제학 박사) 글

시장 경제 보이지 않는 손이 마술을 부려요

일러두기 　 생각학교 초등 경제 교과서는?

❶ 『생각학교 초등 경제 교과서』는?
기획한 의도가 무엇인지를 보여 준다.

❷ 저자의 글
저자가 어떤 생각을 가지고 이 한 권의 책 속에 경제 이야기를 풀어냈는지 보여 준다.

❸ 주제 소개
이 장에서 어떤 내용을 배울지, 이 주제는 우리 생활에서 어떤 부분과 관련이 있는지 잠깐 생각할 시간을 갖게 한다.

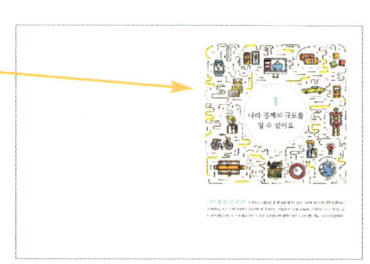

❹ 경제 동화
우리 생활 속에서 있을 법한 경제 관련 이야기들을 동화로 구성했다. 그림 동화로 흥미를 유발하여 학습 동기를 갖게 한다.

❺ 경제 이야기
동화 속에는 어떤 경제이야기가 담겼는지 풀어주면서, 각 장에서 다루려는 주제를 짚어 준다.

❻ 그래프
필요한 경우 그래프를 이용해 교과서나 신문 속에서 경제를 읽어내는 법을 배운다.

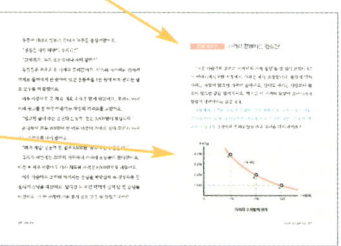

❼ 세상 속으로
신문, 방송, 일상 생활 속에서 접하는 이야기들 중에 각 주제와 연결된 경제 이야기를 풀어낸다. 시사, 역사, 지리, 윤리적인 문제까지 함께 다루도록 했다.

❽ 사진
눈으로 확인 할 수 있는 다양한 사진을 활용했다.

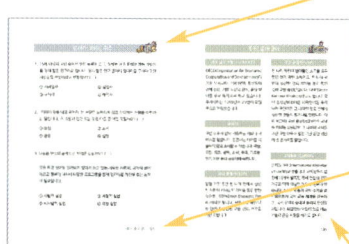

❾ 경제가 보이는 퀴즈
본문에서 다룬 주제를 다시 한 번 정리해 볼 수 있도록 구성했다.

❿ 정답
퀴즈의 정답은 뒤집어 표기했다.

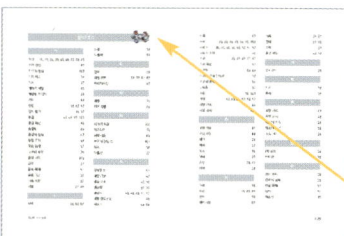

⓫ 쏙쏙! 경제 용어
본문에서 다룬 주제들 중 중요한 경제 용어들을 다시 한번 정리했다.

⓬ 찾아보기
알고 싶은 주제들을 빨리 찾아볼 수 있도록 해당 용어가 나오는 페이지를 표시하였다.

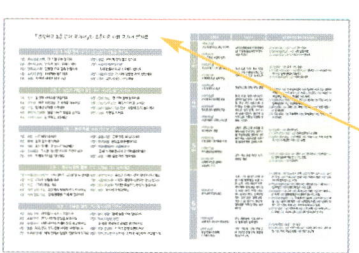

⓭ 관련 교과 연계표
권에서 다룬 주제들이 교과서와 어떻게 연계되는지 해당 학년과 단원을 제시하였다.

차례 생각학교 초등 경제 교과서 1권

1. 다 가질 수는 없어요
   희소성과 선택 ---------- 11

2. 만족은 크게, 후회는 적게
   합리적 소비 ---------- 21

3. 알뜰한 우리 집을 만들어요
   절약과 저축 ---------- 31

4. 소비자는 왕이에요
   소비자 주권 ---------- 41

5. 가격이 내리면 많이 사요
   수요 ---------- 51

6. 비싸게 많이 팔고 싶어요
   공급 ----- 61

7. 가격 변동에 따라 수요량이 변해요
   수요의 가격 탄력성 ----- 73

8. 더 나은 발전을 위해 경쟁해요
   시장과 경쟁 ----- 83

9. 보이지 않는 손의 마술
   가격 ----- 93

쏙쏙! 경제 용어 ----- 105

찾아보기 ----- 108

『생각학교 초등 경제 교과서』와 초등학교 사회 교과서 연계표 ----- 110

개념부터 배경지식까지 재미있게 풀어 쓴
생각학교 초등 경제 교과서

미션 1 생생한 경제 현장을 담아라!

미션 2 알짜배기 경제지식을 쏙쏙 뽑아라!

미션 3 뉴스 속 경제 용어들을 이해하기 쉽게 정리하라!

미션 4 가계와 기업, 정부 그리고 세계의 경제까지 모두 파헤쳐라!

미션 5 우리 어린이들이 살아 갈 무대인 미래의 경제까지 예측하라!

『생각학교 초등 경제 교과서』 5권을 기획하면서 출판사로부터 받은 미션입니다. 모든 미션을 충실히 수행하려고 '미션 임파서블'이 아닌 '미션 파서블'을 외치며 한 권 한 권에 힘을 쏟았습니다. 여기에 집필을 하면서 요즘 어린이 여러분에게 중요해진 글쓰기와 생각하기 능력 향상을 돕기 위해 한 가지 미션을 스스로 덧붙였습니다.

미션 6 동화·역사·생활 속 사례로 응용력과 창의력을 기를 수 있게 하라!

가계와 기업의 경제, 화폐와 금융, 세금과 무역, 저축과 투자 그리고 국제 사회의 경제까지. 『생각학교 초등 경제 교과서』에는 어린이들이 꼭 알아야 할 경제에 대한 지식들을 생생한 경제 현장과 함께 담았습니다.

보이지 않는 손이 마술을 부려요
시장 경제

『시장 경제』편에는 수많은 물건과 사람들이 어울려 활발하게 거래 활동을 벌이는 '시장'과 관련된 이야기를 가득 담았습니다. 물건 가격이 어떻게 결정되는지, 합리적인 소비란 무엇이고 절약과 저축은 어떻게 해야 하는지도 살펴보았습니다.

『시장 경제』편을 읽다 보면 시장과 경쟁, 싸게 많이 사고 싶은 소비자와 비싸게 많이 팔고 싶은 생산자의 마음 등 물건을 사고팔고 가격을 비교하는 과정을 통해 어렵기만 했던 경제 개념들이 머릿속에 쏙쏙 들어올 거예요. 어쩌면 여러분은 이 책을 본 후 살아 있는 경제책이 될 '경제 일기'를 쓰게 될지도 모르겠습니다. 부모님이 매일 가계부를 쓰듯이 말입니다.

자, 그럼 지금부터 '보이지 않는 손이 부리는 마술'을 함께 구경해 볼까요?

달구벌 대구교육대학교에서
김상규

1
다 가질 수는 없어요

희소성과 선택 사람은 누구나 욕심이 있어요. 먹고 싶은 것도 하고 싶은 것도 갖고 싶은 것도 많지요. 그렇지만 모두 다 가질 수는 없어요. 내가 가지고 싶어 하는 것을 다른 사람도 가지고 싶어 하고, 물건을 살 수 있는 돈도 정해져 있기 때문이에요. 그래서 우리는 늘 사고 싶거나 하고 싶은 것을 선택해야만 한답니다.

별똥별을 맞은 자동차

열심히 돈을 모아 십 년 만에 차를 산 아빠는 아들과 강원도에 있는 천문대에 놀러 갔습니다.

아빠 : 아들아, 밖에 나오니까 어때? 서울과 달리 밤하늘에 별이 반짝반짝거리는 게 예쁘지 않니?

아들 : 네! 진짜 진짜 좋아요. 서울이나 여기나 같은 하늘인데, 왜 서울에서는 별을 볼 수 없게 되었는지 모르겠어요. 서울이 많이 오염돼서 그런 건가요?

아빠 : 뭐, 그렇기도 하지. 게다가 서울에는 인공 불빛들이 많아서 별빛이 잘 안 보이는 거란다. 하지만 여기는 온통 까맣잖니. 그래서 별이 잘 보이는 거야.

아들 : 아, 그렇구나. 엇! 아빠 저기 별이 떨어지고 있어요.

아빠 : 오, 정말 그렇구나. 별이 떨어질 때 소원을 빌면 이루어진다는데, 얼른 빌어 보렴.

아들 : 그럼 단비랑 결혼하게 해 주세요!

아빠 : 하하하. 벌써 며느리를 보겠구나.

아들 : 네! 그런데 아빠. 별은 왜 떨어지나요?

아빠 : 음. 저렇게 별이 떨어지는 것을 우리말로 별똥별, 한자로 유성(流星, meteor)이라고 한단다. 이것은 우주에 가득 차 있는 작은 덩어리의 물질이 지구를 둘러싸고 있는 대기에 갑자기 뛰어든 것이란다. 대부분은 상층의 대기 속에서 타버리지만 때때로 큰 것은 땅에 떨어지는 운석(隕石, meteorite)이 되기도 하지.

아들 : 아하! 역시 우리 아빠는 모르는 게 없어.

순간 별똥별이 아빠의 차에 '쿵' 하고 떨어진다.

아빠 : 맙소사! 어떻게 이런 일이. 아, 10년 동안 번 돈으로 산 새 차가 망가지다니, 이제 어떡하나. 별똥별이 지구에 떨어질 가능성은 거의 없는데, 그런 일이 내게 일어나다니!

아들 : 아빠, 괜찮으세요? 어떻게 이런 일이 일어날 수 있죠? 아, 아빠! 이러면 어떨까요? 아빠 말대로 이게 굉장히 드문 일이라면 이걸 신문이나 텔레비전에 광고하는 거예요! '이 세상에 하나밖에 없는 별똥별에 맞은 자동차!!! 행운을 안겨 줄 이 자동차를 사실 분을 찾습니다.'라고요. 어때요?

아빠 : 그래! 맞아. 수량이 적고 희귀한 것들은 대개 가격이 비싸게 마련이야. 물건을 사려는 사람들에 비해 물건의 수가 한정돼 있기 때문이지. 사람들이 몰려오면 나는 제일 높은 가격을 지불하는 사람에게 자동차를 파는 거지. 역시 우리 아들은 날 닮아 똑똑하구나!

아들 : 그게 바로 경제의 기본 원리죠. 에헴.

경제 이야기   희소성과 선택의 문제란?

　별똥별에 맞은 자동차는 어땠나요? 과연 아빠는 비싼 가격으로 자동차를 팔 수 있을까요? 만약 별똥별을 맞은 자동차는 딱 한 대인데, 그 자동차를 사고 싶어 하는 사람들은 많다면 가격이 하늘 높은 줄 모르고 치솟겠지요. 하지만 별똥별을 맞은 자동차가 무수히 많거나 갖고 싶어 하는 사람이 아무도 없다면 어떻게 될까요?

　사람들의 욕심과 필요는 끝이 없는데 이를 채워 줄 자원이나 물건이 한정되어 있는 상태를 '희소성'이라고 말합니다. '희소(稀少)'라는 말은 '드물고 적다'는 뜻이에요. 다이아몬드처럼 원하는 사람은 많지

만 제공되는 양이 그보다 적을 때 '희소성'이 발생하지요.

용돈이나 시간도 갖고 싶은 만큼 다 가질 수 없어요. 그래서 우리는 가지고 싶은 물건이나 하고 싶은 일을 선택해야만 한답니다.

우리 생활에서 모든 경제 행위는 이 희소성의 문제에서 출발합니다. 사람의 욕망에 비해 자원이 한정되어 있는데, 이 문제를 어떻게 합리적으로 해결할 수 있을까 하는 고민에서 경제 활동이 시작되는 것이지요.

사람들은 오랜 옛날부터 이 문제를 풀기 위해 애써 왔어요. 제한된 자원을 해결해 조금이라도 더 욕구를 채우고 싶어서 많은 노력을 한 것이지요. 사실 사람이 얼마 살지 않던 원시 시대에는 희소성 문제가 그리 심각하지 않았어요. 그러나 점차 사람의 수가 매우 많아지면서

단순히 사냥을 하거나 물고기, 열매 등을 채취하여 모든 사람들이 배불리 먹기 어려워졌어요. 고민하던 사람들은 직접 농사를 짓고 가축을 길러 제한된 자원의 문제를 해결하려고 했습니다.

시간이 지나면서 사람들은 배고픔을 해결하는 데 만족하지 않고 점점 옷이나 교통수단 같은 자원에도 희소성을 느끼게 되었어요. "어떻게 하면 좀 더 빨리 많은 양의 물건을 만들어 낼 수 있을까?" 하고 고민하다 기계를 발명하게 되었고요. 이처럼 우리가 쓸 수 있는 자원이 제한되어 있었기 때문에 우리 인류는 여러 가지를 고민하고 개발하고 발명해서 지금처럼 발전하게 된 것입니다.

지금도 사람들은 지구의 한정된 자원을 어떻게 하면 효율적으로 이용해 많은 것을 만들어 낼까 고민하고 있답니다. 그래서 우리 세계는 더욱더 빠른 속도로 발전하고 있고요.

세상 속으로 금보다 후추가 더 비쌌다고요?

　15~16세기 유럽에 살던 귀족들은 부족한 것 없이 풍족한 삶을 살았어요. 질 좋은 고기도 마음껏 먹었고요. 그런데 비릿한 냄새와 밋밋한 고기 맛에 질리기 시작한 귀족들의 눈을 번쩍 뜨이게 한 것이 있었답니다. 바로 '후추'라는 향신료였어요. 고기 요리에 후추를 쓰게 되자 소금으로만 간을 하던 음식과는 비교가 되지 않게 맛이 좋아졌어

요. 그래서 귀족들은 서로 경쟁하듯 후추를 사들였고, 요리에 후추를 얼마나 많이 사용하느냐가 그 사람이 얼마나 부자인지 말해 주는 기준이 되기까지 했습니다.

하지만 후추를 구하는 것은 쉽지 않았어요. 후추는 유럽에서 멀리 떨어진 인도에서 재배되는 것이어서 유럽까지 가져오는 데에는 엄청난 시간과 돈이 필요했거든요. 당시에는 지금처럼 비행기가 있었던 것도 아니었고, 배의 속도도 무척 느렸으니까요.

이렇게 되자 후추를 사려는 사람은 많은데 유럽에서 팔 수 있는 후추의 양은 턱없이 부족하게 되었지요. 후추 값은 하늘 높은 줄 모르고 치솟기 시작했어요. 부르는 게 값이어서 실제로 후추가 금보다 더 비싼 가격에 거래되기도 했다고 합니다.

경제가 보이는 퀴즈

1. 사람들이 원하는 것을 모두 가지기에는 자원이 부족해요. 그렇기 때문에 선택을 해야만 합니다. 이러한 경제 문제를 무엇이라고 할까요? (   )

    ① 희소성의 문제　　　　② 생산성의 문제
    ③ 공해 및 환경의 문제　 ④ 빈곤 및 소비의 문제

2. 사람들은 수렵이나 채취 대신 농사를 짓고 가축을 기르고, 기계를 발명해 좀 더 빨리 많은 양의 물건을 만들기 위해 노력하기도 했어요. 사람들이 이렇게 노력한 이유는 무엇일까요? (   )

    ① 자원은 무한한데 사람들의 욕망이 제한되어 있기 때문에
    ② 사람들의 욕망에 비해 자원은 제한되어 있기 때문에
    ③ 새로운 일을 시작하면 재미있기 때문에
    ④ 사람들은 변화가 없으면 심심해서 못 견디기 때문에

3. 다음 중 희소성과 관련이 없는 속담은 어느 것일까요? (   )

    ① 바다는 메워도 사람 욕심은 못 메운다
    ② 말 타면 경마 잡히고 싶다
    ③ 아흔아홉 가진 놈이 하나 가진 놈 부러워한다
    ④ 산토끼 잡으려다 집토끼 놓친다

정답 1.① 2.② 3.④

2
만족은 크게, 후회는 적게

합리적 소비 엄마는 왜 시장에서 생선 한 마리를 살 때도 이것저것 비교하며 지갑을 만지작거릴까요? 가진 돈은 적은데 사고 싶은 물건은 많으니 어떻게 하면 좋을까요? 사람들이 물건을 살 때 망설이고 따지고 고민하는 데에는 다 이유가 있어요. 정해진 돈으로 제일 만족할 수 있는 물건을 사고 싶기 때문이에요. 최소의 비용으로 최대의 만족을 얻는 합리적인 소비는 어떤 것일까요?

젊어지는 샘물

옛날 어느 마을에 할아버지와 할머니가 살고 있었어요. 그날도 할아버지는 산으로 나무를 하러 갔어요. 열심히 나무를 하고 있는데 어디선가 아름다운 새소리가 들렸어요. 가까이 가서 보니 며칠 전에 할아버지가 다리를 고쳐 준 새였어요.

"이제 다리가 다 나은 모양이구나. 다행이야."

"비쫑 비쫑 비비쫑!"

새는 할아버지에게 자기를 따라오라는 듯이 날갯짓을 하며 푸르르 날아올랐어요. 할아버지는 새의 행동이 신기해 쫓아갔고 새는 숲을 지나 햇빛이 밝게 비치는 맑은 옹달샘에 다다랐지요.

할아버지는 새를 쫓아오느라 땀도 많이 나고 목도 말랐어요.

"목이 말랐는데 잘됐다. 거울처럼 맑은 옹달샘이군."

할아버지는 단숨에 샘물을 세 모금이나 들이켰어요.

샘물은 정말 달콤하고 시원했어요.

"아, 정말 맛있다. 꿀맛도 이렇게 좋지는 않을 거야."

그런데 바로 그때, 이게 어찌된 일일까요? 할아버지의 몸이 변하기 시작했어요. 지쳐 있던 몸에 힘이 솟고 팔다리의 근육이 팽팽해졌어요. 주름진 피부가 쫙 펴지고 희끗하던 머리카락이 다시 검게 변하는 것이 아니겠어요? 그 샘물은 바로 젊어지는 샘물이었어요.

할아버지는 신이 나서 집까지 단숨에 달려왔지만 힘든 줄도 몰랐어요. 집 앞에 도착하자 할아버지는 크게 소리쳤어요.

"여보, 할멈! 나 왔소. 어서 나와 보구려."

남편의 목소리를 듣고 할머니는 문을 열었어요. 그러나 문 밖에는 남편 대신 젊고 건장한 청년이 서 있었지요. 할머니는 할아버지를 찾느라 두리번거렸어요.

"여보, 나 몰라보겠소? 나요, 나!"

"아니! 이게 어찌된 일이에요?"

할아버지는 신기한 샘물에 대해 차근차근 설명했어요.

"세상에, 나도 당장 그 샘물을 마셔야겠어요."

할아버지가 날이 밝으면 가는 게 좋겠다고 말렸지만, 할머니는 곧장 샘물이 있는 곳으로 달려갔어요. 그리고 샘물을 한 모금, 두 모금…… 열 모금…… 계속 마셨어요.

다음 날 아무리 기다려도 할머니가 돌아오지 않자 할아버지가 찾으러 나섰어요. 하지만 샘물 옆에는 할머니 대신 갓난아기가 누워서 울고 있었답니다. 샘물을 너무 많이 마신 할머니는 그만 아기로 변하고 말았던 거예요.

경제 이야기   합리적 소비란?

할머니는 샘물을 마시고 아기가 되길 원했을까요? 아니었을 거예요. 젊어지고 싶다는 생각이 지나쳐 너무 욕심을 부린 것이지요.

이처럼 어떤 물건이든지 무조건 많이 소비한다고 좋은 것은 아니에요. 내가 가진 돈으로 가장 큰 만족을 얻을 수 있는 물건을 소비하는 것이 현명한 선택이지요. 최소의 비용으로 최대의 만족을 얻는 것 말이에요. 이러한 태도를 '합리적 소비'라고 합니다.

합리적 소비는 후회하지 않는, 만족스러운 소비예요. 그래서 물건을 구입할 때에는 예산에 맞는 것인지, 꼭 필요한 물건인지, 그 소비를 통해 얻을 수 있는 이익은 어떤 것인지, 그 물건이 나에게 어느 정도 쓸모가 있는지, 다른 사람이 가진 것이 좋아 보여 사는 것은 아닌지, 대체할 물건은 없는지 등 가격, 예산, 만족 정도를 충분히 따져 보는 지혜가 필요합니다.

또 합리적 소비를 하기 위해서는 소비를 통해 얻는 만족을 잘 생각해서 필요한 만큼만 소비해야 해요. 그것이 바로 '한계 원리'입니다. 아무리 좋은 물건이나 맛있는 음식도 계속 사고 싶거나 먹고 싶지는 않다는 이야기예요. 일정한 수준을 넘어서면 그 물건에 대한 만족도가 떨어지게 되기 때문이지요. 이 원리는 우리들이 즐겨 먹는 피자,

아이스크림, 햄버거 등에도 똑같이 적용됩니다. 피자를 너무 자주 먹으면 맛은 점점 떨어지고, 결국 나중에는 아무리 맛있어 보이는 피자라도 먹기 싫어지는 법이지요.

우리 모두 합리적인 소비를 위해 몇 가지만 기억해 둘까요?

첫째, 메모하는 습관을 길러 계획적으로 구매해요. 필요한 물건과 예산을 생각날 때마다 적어 놓는다면 쇼핑 시간과 돈을 줄이고, 충동구매도 막아 줄 거예요.

둘째, 미끼 상품을 노리는 것도 좋아요. 미끼 상품이란 가게에서 손님을 많이 끌어들이기 위해 특별히 가격을 낮추어서 준비한 물건이에요. 미끼 상품을 잘 활용하면 필요한 물건을 알뜰히 살 수 있어요.

셋째, 가게 문을 닫는 시간을 미리 알아 두는 것도 도움이 돼요. 상인들은 재고를 남기지 않기 위해 폐점 시간이 가까워지면 파격적인 가격으로 물건을 팔기 때문이지요.

넷째, 기획 상품이나 가게에서 독자적으로 개발한 상품(PB 상품)을 눈여겨보고 챙기는 것도 좋아요. 이들 상품은 그 가게의 이미지 상품이므로 가격은 싸고 품질은 믿을 수 있는 게 보통입니다.

흔히 부자로 알려진 사람들의 소비 습관도 기억할 필요가 있어요. 비싼 악어 핸드백 같은 사치품보다는 우리 생활에 꼭 필요한 물건을 먼저 사고, 비슷한 용도의 물건은 다시 또 사지 않고, 꼭 필요한 물건을 살 때에도 예산을 따져 보며, 어디에서 사는 것이 가장 유리한지 조사하는 식으로요.

  마지막으로 전체 경제 흐름을 보고 형편에 맞추어 미래에 대비하는 자세가 필요합니다. "밀짚모자를 겨울에 사라."는 말을 들어 보았나요? 추운 겨울에 밀짚모자를 사서 뜨거운 여름철을 대비하는 계획적인 소비는 우리의 경제생활을 더욱 풍요롭게 합니다. 합리적 소비는 기업이 싼 값에 좋은 품질의 제품을 생산하게 하고, 기술 개발에 힘쓰며, 정직한 광고를 하게 만들지요. 즉 현명한 소비는 우리 가계에도 도움을 주고 국민 경제도 풍요롭게 해 준답니다.

세상 속으로   합리적 소비를 도와주는 정보 세상

    같은 물건을 더욱 싼 가격으로 사는 것이 합리적 소비의 가장 쉬운 방법이에요. 그러니 물건 가격을 비교해 보는 일은 필수겠지요. 예전에는 가격을 비교해 보려면 직접 찾아다니며 발품을 팔 수밖에 없었어요. 그런데 오늘날에는 발품을 팔지 않아도 인터넷을 통해 편리하게 가격을 비교해 볼 수 있어요. 최근에는 스마트 폰을 활용하면서 합리적 소비가 더욱 손쉬워졌고요.

    스마트 폰으로 쉽게 가격 정보를 찾는 방법을 살펴볼까요? 바야흐로 물건을 실제로 판매하는 유통업체가 직접 물건의 가격을 결정하는 '개방형 가격제'가 널리 퍼지고 있어요. 정해진 가격이 있는 게 아니라, 이제 파는 사람이 마음대로 가격을 매기게 된 것이에요. 이런 상황에서 스마트 폰을 활용한다면 그때그때 물건의 가격을 바로 비교할 수 있습니다. 예를 들어, 스마트 폰으로 사려는 물건의 바코드나 QR 코드를 찍어 보면 주변의 다른 가게에서 같은 물건을 얼마에 파는지 바로 알 수 있어요. 소비자 스스로 직접 가격을 비교하고 살 수 있는 선택권을 잘 활용한다면 합리적 소비를 향한 길이 더 쉬워질 거예요.

    스마트 폰의 응용 프로그램인 애플리케이션도 다양한 아이디어로 현명한 소비 생활을 지원해 주고 있어요. '쇼핑 도우미'라는 애플리케이션을 사용하면 단위 상품당 가격까지 비교해 준답니다. 보통 대형 마트에서는 같은 물건을 여러 개 묶어서 한꺼번에 파는데 사람들은 묶어서 파니 당연히 쌀 거라고 생각하지요. 하지만 한 개 가격을 낱개로 비교해 보면 어떤 경우에는 동네 슈퍼마켓이 더 싼 경우도 있다고 해요. 그러니 철저한 가격 비교가 더 필요해진 셈이지요. 또 아이폰용 애플리케이션인 '에그몬'을 통해 제품의 바코드를 검색하면 인터넷상의 제품 가격 비교 정보를 곧바로 확인할 수 있어요. 편리해진 정보 세상이 시간과 비용을 함께 절약할 수 있는 현명한 소비 생활을 든든하게 지원해 주고 있답니다.

경제가 보이는 퀴즈

1. 어떤 물건을 구입할 때 바람직한 행동으로 볼 수 없는 것은 무엇일까요? (   )

    ① 비용과 관계없이 좋은 것부터 구입한다.
    ② 구입할 물건의 가격을 꼼꼼히 따져 본다.
    ③ 구입할 물건들의 구입 순서를 정한 다음, 우선 순위에 따라 구입한다.
    ④ 구입할 물건으로부터 얻을 만족이 비용보다 큰지 따져 본다.

2. 합리적 소비자의 모습이라고 볼 수 없는 것은 어느 것일까요? (   )

    ① 신용 불량자가 되지 않기 위해 수입을 고려해서 지출한다.
    ② 신용 카드를 최대한 많이 발급받아 사고 싶은 물건을 산다.
    ③ 내가 받는 용돈의 범위 내에서 계획을 세워 물건을 산다.
    ④ 남들이 가지고 있는 물건이라도 내게 필요한지 생각해 보고 산다.

3. 다음 중 한계 원리와 관련이 없는 속담은 어느 것일까요? (   )

    ① 맛있는 음식도 늘 먹으면 싫다
    ② 듣기 좋은 노래도 한두 번이지
    ③ 적게 먹으면 약주요, 많이 먹으면 망주다
    ④ 아주머니 떡도 싸야 사 먹지

정답 1.① 2.② 3.④

3
알뜰한 우리 집을 만들어요

절약과 저축 여러분은 용돈이 남으면 어떻게 하나요? 친척 어른이 모처럼 주신 용돈이 생기면요? 이럴 때 부모님들은 저금하라는 말을 많이 하실 거예요. 갖고 싶은 물건을 한두 개 더 사고 싶은데 말이지요. 물건을 아껴 쓰라는 말도 많이 들었을 거예요. 왜 어른들은 우리에게 자꾸 아껴 쓰고 저축하라는 말을 하는 걸까요?

카네기의 절약 정신

"야, 저기 걸레 온다, 걸레!"

"어디? 저건 카네기 아냐?"

"쟤 옷 좀 봐. 저게 걸레지, 어디 옷이야? 쟤하고 놀지 마!"

카네기네 집은 매우 가난했어요. 그래서 초등학교에 입학할 때에도 새 옷 한 벌 제대로 사 입지 못하고, 헌 옷 가게에서 산 남루한 옷을 고쳐 입고 다녔지요.

"브라운, 옷으로 사람을 평가하는 것은 잘못된 생각이야. 카네기

는 아주 좋은 아이란 말이야. 공부도 잘하고……."

"그럼 너나 쟤하고 놀아라. 난 먼저 갈 거야."

브라운이 가 버리자, 톰이 카네기에게 대신 사과했어요.

"괜찮아, 톰. 난 가난하다고 절대 부끄러워하지 않아."

이런 생각을 가진 카네기는 늘 부지런히 공부하고 절약을 실천해 큰 부자가 되었습니다.

어느 추운 겨울 날, 초등학교 교장선생님이 부자가 된 카네기를 찾아왔어요.

"어서 안으로 들어오십시오. 그런데 무슨 일로 오셨습니까?"

"좀 어려운 부탁을 드리러 왔습니다. 시간 괜찮으신가요?"

"네, 물론입니다. 잠깐만 기다려 주십시오. 제가 책을 읽던 중이었습니다. 촛불 한 개를 끄고 오겠습니다."

카네기가 촛불 한 개를 끄면서 손님을 맞자, 교장선생님은 카네기한테 기부금을 받는 일이 어렵겠다고 생각했어요. 하지만 그냥 돌아갈 수도 없어서 어렵게 말문을 열었어요.

"이번에 학교 건물을 새로 짓는데 기부를 좀 해 주셨으면 합니다. 아이들이 편안하게 공부할 교실, 마음 놓고 책을 읽을 수 있는 도서관이 부족해서······."

"얼마가 필요하십니까? 어린이들이 공부할 교실을 짓는 일이라면 기꺼이 필요한 만큼 기부금을 내겠습니다."

뜻밖에도 교장선생님의 부탁이 채 끝나기도 전에 카네기는 선선히 승낙했고, 많은 돈을 선뜻 내놓았어요.

교장선생님은 의아한 듯이 카네기에게 물었어요.

"어째서 제가 들어오자 촛불 한 개를 꺼 버렸습니까?"

"책을 읽을 때는 두 개가 필요하지만 이야기를 할 때는 촛불 한 개만으로도 충분하지 않습니까?"

카네기의 절약 정신에 교장선생님은 큰 감명을 받았습니다.

경제 이야기 | 절약하고 저축하기

'카네기의 절약 정신'을 재미있게 읽었나요? 이야기의 주인공 앤드루 카네기는 '강철 왕'이라는 별명을 가진, 미국의 성공한 사업가예요. 큰 철강 회사를 세워 대단한 부자가 되었지요. 카네기는 남을 위한 일에는 돈을 아끼지 않았지만 언제나 절약하는 마음을 잊지 않고 살았어요.

"마른 수건도 다시 짠다"는 속담이 있어요. 물기가 없는 수건을 쥐어짜서 물을 짜낸다니, 얼마나 힘을 들이고 노력해야 하는지를 잘 나타내는 말입니다. 이 속담은 돈을 쓰고 물건을 살 때 '꼭 필요한 것인지, 꼭 필요한 만큼인지'를 따져서 낭비가 없게 하라는 뜻으로도 해석할 수 있지요.

그렇다면 왜 절약을 하는 것일까요? 바로 저축을 하기 위해서이지요. 저축은 지금 가지고 있는 남는 돈을 은행 등의 금융 기관에 맡기는 것을 말해요. 적은 돈이라도 꾸준히 모으면 큰돈이 되고, 이렇게 모인 목돈은 푼돈으로는 상상할 수 없는 큰일을 해낼 수 있습니다. 여러 해 동안 돈을 모아 자동차나 집을 사는 것처럼 말이에요. 이처럼 저축은 현재보다는 미래를 위해 준비하는 일이에요.

저축을 하는 것은 개인만이 아니에요. 회사도 저축을 하고, 나라도 저축을 하지요. 돈을 모아 더 큰 공장을 짓거나, 사람들에게 필요한 공항이나 댐을 만들 수 있습니다.

"저축을 하지 않고 오늘 당장 먹고 싶은 것을 먹고 사고 싶은 것을 사는 게 더 좋지 않아요?"

이런 질문을 던지는 어린이들도 있을 거예요. 그럼 이번에는 저축을 왜 하는지에 대해 살펴볼까요?

첫째, 내가 필요한 것을 더 쉽게 가지기 위해 우리는 저축을 합니다. 우리는 사람들과 어울려 살고 있어요. 내가 남에게 도움을 주기도 하고 다른 사람의 도움을 받기도 하지요. 하지만 이런 도움은 다 공짜로 주고받는 것이 아닙니다. 도움을 받는 대가로 돈을 지불해야 하지요. 남이 만든 물건을 가지려면 돈을 주고 그 물건을 사야 합니다. 가지고 싶은 물건이 많으면 돈이 더 필요한데, 우리는 저축을 통해 그런 물건들을 손에 넣을 수 있어요. 저축은 우리에게 행복을 주기도 해요. 내가 모은 돈으로 스마트 폰이나 자전거, 컴퓨터 등 갖고 싶었던 물건을 산다는 것은 생각만 해도 신나는 일이잖아요.

둘째, 갑작스러운 사고나 불행에 대비하기 위해 저축을 합니다. 세상은 갈수록 복잡해지고 있어요. 옛날에는 자기 고장 안에서만 주로 생활했지만 오늘날에는 세계가 한 마을이 되면서 우리가 움직이는 공간도 엄청 넓어졌습니다. 그래서 예기치 못한 사건, 사고가 더욱 많이 일어나게 된 것이지요. 갑자기 교통사고가 나서 큰 수술을 해야 하는

데 수술비가 없다면 큰일이겠지요? 이렇게 언제, 어느 때, 어떤 일이 일어날지 모르기 때문에 미래를 대비한 저축은 중요합니다.

셋째, 더 많이 돈을 벌기 위해 저축이 필요합니다. 저축을 해서 목돈이 생긴다면 그 돈을 이용해 더 많은 돈을 벌 수 있거든요. 사람들은 남는 돈이 생기면 주식을 살지, 부동산을 살지, 채권을 살지, 은행에 예금을 할지 고민을 합니다. 어떻게 해야 가지고 있는 돈으로 더 많은 돈을 벌 수 있을지 생각하는 것이지요. 이때 중요한 기준이 되는 것이 금리와 수익률입니다. 어디에 돈을 빌려 줄 때 대가를 더 많이 주느냐를 보는 것이에요. 주식이나 부동산, 채권을 살 때 생기는 수익률에 비해 은행의 예금 금리가 더 높다면 당연히 은행에 예금하는 것이 합리적인 경제 행위겠지요.

저축을 잘하는 데에도 비결이 있을까요? 물론 있어요. 그렇게 어렵지도 않아요. 첫째, 많이 벌고 적게 쓰는 것입니다. 이렇게 하기 위해서는 돈을 쓸 때 어디에 어떻게 쓸지 계획을 세우는 것이 필요합니다. 둘째, 목표를 세워 저축을 하는 것입니다. 너무 무리한 목표보다는 자신이 지킬 수 있는 합리적인 것이 좋지요. 뚜렷하고 신나는 목표라면 저금하는 일이 즐거워질 거예요. 셋째, 하루라도 빨리 시작하는 거예요. 적은 액수의 돈이라도 그것이 오랫동안 쌓이면 깜짝 놀랄 만한 큰돈이 된답니다.

세상 속으로 복리의 마술을 알고 있나요?

"티끌 모아 태산"이라는 말을 알고 있지요? 적은 돈이라도 꾸준히 모은다면 큰돈을 만들 수 있습니다. 내 방 저금통에 몇십 년 동안 돈을 모은다고 해서 큰 부자가 될 수 있을까요? 그냥 내가 저금한 돈만 그대로 쌓이겠지요. 그러나 이자에 이자가 붙는 복리 이자의 기적을 이용하면 현명한 부자가 될 수 있어요.

은행 등의 금융 기관에서는 두 가지 방법으로 이자를 줍니다. 하나는 단리, 다른 하나는 복리예요. '단리'는 원래 돈에 저금한 기간 동안의 이자를 더해 주는 것이고, '복리'는 원래 돈에 붙은 이자에도 이자를 주는 방식이에요. 먼저 단리는 다음과 같이 계산할 수 있어요.

총 받을 돈 = 원금 + (원금 × 이자 × 적립 기간)

이 공식을 살펴보면 원금과 이자 계산식이 더하기로 구분이 되어 있어요. 그래서 오랜 기간 동안 저축하더라도 이자가 높지 않다면 나중에 받을 수 있는 총금액은 그리 크지 않지요. 하지만 복리를 적용한 상품이라면 이야기가 달라집니다.

총 받을 돈 = 원금 × (1 + 수익률)$^{적립\ 기간}$

위의 계산식을 따라 5% 수익률로 3년간 투자를 한다면 '총 받을 돈 = 원금×(1+5%)^{3년} = 원금×(1+5%)×(1+5%)×(1+5%)'로 계산됩니다. 이 계산식대로면 적립 기간이 길수록 수익률이 해마다 복수로 곱해지기 때문에 총 받을 돈이 커지는 것을 쉽게 확인할 수 있어요. 그래서 복리의 마술을 제대로 이해한다면 최대한 빨리 투자를 시작해 오래 투자하는 것이 돈을 불릴 수 있는 가장 좋은 방법이지요.

매달 5만 원씩 복리로 저축할 경우 얼마나 큰돈이 만들어지는지 살펴볼까요? 5%의 수익률로 계산할 경우, 1년 후에는 61만 4,000원, 5년 후엔 340만 원, 10년 후에는 776만 4,000원, 40년 후에는 7,630만 1,000원이라는 엄청난 돈을 얻게 됩니다. 특히 40년 후에는 내가 저금한 원금은 2,400만 원인데, 이자는 5,230만 1,000원이나 됩니다. 원금보다 이자가 2배나 더 많아졌지요. 그래서 천재 물리학자 아인슈타인은 "인류의 가장 위대한 발명품은 복리다."라고 했을 정도예요. 복리의 마술을 잘 이용하면 지금은 부자가 아니더라도 10년 후, 15년 후에는 부자가 될 수 있어요. 포기하지 말고 자신의 능력을 믿고 노력하는 자세가 중요하답니다.

경제가 보이는 퀴즈

1. 사람들이 은행이나 금융 기관에 예금을 하는 이유를 잘못 설명하고 있는 것은 어느 것일까요? (   )

    ① 갑작스런 사고에 대비하기 위해서
    ② 미래에 내가 가지고 싶은 물건을 사기 위해서
    ③ 저축 왕이 되어 자랑하기 위해서
    ④ 이자를 얻어 돈을 더 많이 벌기 위해서

2. 절약과 가장 밀접한 관련이 있는 속담은 어느 것일까요? (   )

    ① 천리 길도 한 걸음부터
    ② 아끼기만 하고 쓸 줄 모르면 친척도 배반한다
    ③ 등잔 밑이 어둡다
    ④ 마른 수건도 다시 짠다

3. 저축을 잘하는 비결과 가장 관련이 적은 것은 어느 것일까요? (   )

    ① 서비스가 가장 좋은 은행을 찾는다.
    ② 목표를 세워 저축한다.
    ③ 빨리 시작하여 복리의 마술을 활용한다.
    ④ 많이 벌고 적게 소비한다.

정답 1.③ 2.④ 3.①

4 소비자는 왕이에요

소비자 주권 "이 물건은 고장이 났어요." "이 서비스는 광고를 했던 것과 달라요." 물건을 사고 난 후 불만을 가져 본 적이 있나요? 우리는 가게, 시장, 백화점에서 물건을 사고 택시, 버스, 지하철 등의 교통수단을 돈을 주고 이용합니다. 물건과 서비스를 사는 소비자가 되는 것이지요. 그런데 소비자는 구입한 물건이나 서비스가 만족스럽지 못해서 기분이 나쁘거나 속이 상할 때가 많습니다. 그럴 때는 어떻게 해야 할까요?

버럭 참나무의 손님맞이

유난히 가지가 튼튼하고 우람한 참나무가 있었어요. 숲 속 동물들은 모두 이 나무와 사귀고 싶어 했지요. 그러나 이 나무는 너무 거만했어요. 그래서 모두들 이 나무를 '버럭 참나무'라고 불렀답니다.

"쳇, 나 혼자서도 잘살 수 있어."

언제부터인가 버럭 참나무는 늘 혼자 지냈어요. 어느덧 봄, 여름, 가을, 겨울이 여러 번 바뀌었어요. 그러는 동안 잘생기고 우람하던 버럭 참나무도 나이가 들어 등이 굽고 초라하게 변했어요.

"아이고, 허리야. 이제는 늙고 초라한 나를 아무도 찾아 주지 않는구나. 왜 이리 쓸쓸하담. 얘, 개미야. 이리 와서 내 즙을 먹지 않을래?"

너무나 외롭던 버럭 참나무는 용기를 내어 지나가는 개미들에게 말을 걸었어요.

"어머, 저 못생긴 나무가 우리더러 자기 즙을 먹으래. 언제는 잘난 체하고 소리만 버럭버럭 지르더니……. 누가 저런 고약한 나무하

고 놀아 준담. 별꼴이야."

개미들뿐만 아니라 그 누구도 참나무에게 눈길 한번 주지 않았어요.

바람이 몹시 세차게 불던 어느 날, 장수하늘소 한 마리가 바람에 떠밀려 버럭 참나무에게 내려앉았어요. 장수하늘소는 비틀거리더니 온 힘을 다해 참나무 껍질에 알을 낳고는 그만 떨어져 죽고 말았어요.

"저런, 불쌍한 장수하늘소야. 천국에서 편히 쉬어라. 새끼들은 내가 잘 돌보아 줄게."

장수하늘소 애벌레는 참나무의 몸을 갉아먹으며 하루하루 커 갔어요. 애벌레가 갉아먹어 상처가 생긴 자리에는 나무 진이 질펀하게 흘러내려서 나무 진 향내가 온 숲에 진동했어요.

장수풍뎅이가 날아와 아주 조심스럽게 물었어요.

"저 참나무 할아버지, 할아버지의 나무 진을 먹어도 될까요?"

"오냐 오냐. 친구들을 모두 불러 와도 괜찮단다, 허허허."

그날 이후 많은 곤충들이 버럭 참나무한테로 몰려왔어요. 하늘소, 개미, 매미, 여치, 메뚜기, 나비…….

버럭 참나무는 잔잔하게 웃으며 고개를 끄덕였어요.

"모두들 잘 왔다. 다들 실컷 먹으렴."

이제 더 이상 버럭 참나무는 혼자가 아니에요. 곤충들과 동물들의 존경을 받으며 행복하게 살았답니다.

경제 이야기 | 소비자 주권이란?

버럭 참나무 이야기를 잘 읽었나요? 이 이야기에서 버럭 참나무는 가게나 회사, 그리고 참나무를 찾아오던 곤충들은 손님이라고 볼 수 있어요. 경제에서는 물건을 사는 손님을 소비자라고 부릅니다. 실제 생활에서도 참나무 할아버지처럼 친절한 태도로 소비자를 만족시키는 생산자는 많은 돈을 벌고, 그 반대의 경우는 소비자가 찾지 않아 결국 망하게 되지요.

이렇게 소비자의 힘은 아주 세답니다. 물건을 만들었지만 살 사람이 없다면 그 물건은 아무 소용이 없어지는 것이니까요. 그래서 물건을 만드는 사람들은 언제나 사람들이 무엇을 원하는지, 얼마의 가격이면 사람들이 물건을 살지 등을 늘 고민해야 해요. 그래서 '손님은 왕'이라는 말까지 생겨났어요. 소비자가 사 주지 않는 물건은 쓸모가 없으니, 생산자의 운명이 소비자의 손에 달려 있다는 말이지요.

소비자가 원하는 것이 다양해질수록 생산자는 발 빠르게 여러 가지 물건을 만들기 위해 연구합니다. '소비자가 어떤 상품을 바라는지', '얼마나 원하며, 바라는 시기는 언제인지', '물건을 사용하는 데 불편한 점이나 문제점은 없는지' 이런 것들을 잘 따져 소비자들에게 최대한 만족을 안겨 주기 위해 노력하고 있지요.

소비자가 원하는 상품을 원하는 시기에 원하는 만큼 마음대로 선택해서 구매할 수 있도록 하는 것을 어려운 말로 '소비자 주권'이라고 해요. 소비자들은 다음과 같은 권리를 가지고 있어요. 첫째, 소비자는 물건이나 서비스를 사서 손해를 보거나 몸을 다치게 될 경우 보호를 받을 수 있어요. 둘째, 소비자는 자기가 사는 물건에 대해 진실된 정보를 제공받고 자유롭게 선택할 권리가 있습니다. 셋째, 소비자는 물건을 팔거나 만든 곳에 자신의 의견을 말하고 피해를 입은 경우에는 도움을 받을 권리가 있어요. 넷째, 소비자는 쾌적한 생활환경 속에서 소비 생활을 할 권리가 있답니다.

　　그렇다면 소비자에게는 권리만 있을까요? 물론 아니지요. 권리에 따르는 책임도 있어요. 첫째, 소비자는 자신이 구입한 물건의 품질에 대해 정확하게 비판할 책임이 있어요. 둘째, 참여에 대한 책임이 있어요. 물건을 살 때 공정한 대우를 받고 있는지, 차별을 받지는 않았는지를 생각해 보아야 해요. 셋째, 건전한 시민 정신으로 기여할 수 있는 사회적 책임이 있습니다. 넷째, 환경을 보존할 책임이에요. 소비자는 모두 환경을 깨끗하게 보존하기 위해 노력해야 합니다. 다섯째, 소비자들은 하나로 뭉쳐야 해요. 한 사람의 목소리로 소비자의 권리를 주장하는 일이 어려울 때가 있으므로 소비자는 힘을 합쳐 자신들의 권리를 지켜 내야 합니다.

　　오늘날 소비자들은 '소비자가 왕'임을 실감하고 있습니다. 어느 업

종에서나 고객을 왕으로 모시는 경우를 자주 볼 수 있지요. 고객들에게는 은행에 가고 시장에 가고 백화점에 가는 것이 여간 재미있는 일이 아니지요. 그러다 보니 소비자들은 만족을 넘어서 이제 감동을 원하고 있습니다.

    세상에는 갈수록 다양하고 많은 물건들이 쏟아지고 있어요. 그만큼 소비자의 눈도 날카로워지고 있지요. 인터넷이 발달하면서 소비자들끼리 물건의 가격과 품질에 대한 정보를 서로 나누는 일도 쉽고 빨라졌어요. 더 똑똑해진 소비자들을 만족시키기 위해 생산자들도 바빠졌습니다. 소비자들의 적극적인 참여로 생산자들은 더 편리한 물건을 만들기 위해 기술을 발전시키고, 더 품질 좋은 물건을 만들기 위해 애쓰고 있습니다. 소비자의 주권을 당당히 지켜 내는 일은 결국 소비자와 생산자 모두에게 이득이 되는 것이지요.

세상 속으로 │ 착한 소비, 우리도 한번 해 볼까요?

　어른들이 마시는 커피의 가격을 알고 있나요? 길거리에서 쉽게 찾아볼 수 있는 커피 전문점에서 한 잔에 5천 원을 훌쩍 넘는 가격에 팔리고 있어요. 그런데 커피 콩을 재배한 농부는 커피 한 잔이 팔릴 때 겨우 20원을 받는다고 해요. 농부들이 흘린 땀과 노력이 커피 값에 비해 너무 싸게 팔리고 있는 것이지요. 이러한 사실이 알려지면서 많은 소비자들이 '착한 소비'와 '공정 무역'에 대해 생각하게 되었어요.

　고기, 곡식과 같은 농축산물들도 마찬가지랍니다. 농민과 소비자 사이를 연결해 주는 단계가 늘어나면서 농민은 싸게 팔고, 소비자는 비싸게 사고 있어요. 농민은 비싸게 팔고, 소비자는 싸게 먹을 수 있는 방법은 없을까요? 이 문제를 해결하기 위해 여러 단체들이 생겨나고 있어요. 한우를 키우는 농민들이 돈을 모아 단체를 만들고, 자신들이 키운 한우를 대도시에 문을 연 직판장을 통해 직접 판매를 하는 것이지요. 이렇게 되면 농민은 조금 더 비싸게 팔아서 좋고, 소비자는 조금 더 싸게 안심하고 한우를 살 수 있다는 장점이 있답니다.

　생산자들이 직접 문을 연 곳도 있지만, '생활 협동조합'처럼 소비자들이 돈을 조금씩 내어 만든 단체도 있어요. 흔히 줄여 '생협'이라고 부르는 이곳에서는 소비자들이 직접 안심하고 먹을 수 있는 먹을 거리를 고르기 위해 성실한 생산자들에게 물건을 팔 장소와 기회를 마련해 주지요.

소비자 주권을 찾으려면 '착한 소비'를 해야 합니다. 내가 사는 물건을 어떤 사람이 어떤 환경 속에서 생산했는지에 대해 관심을 갖고 따져 보는 것이 필요하다는 말이지요. 착한 소비의 출발은 '공정 무역'에 있습니다. 공정 무역이란 중간 상인들을 거치지 않고, 물건을 제 가격에 사들여 중간 상인들이 취했던 큰 이익을 생산자인 농민에게 돌려주자는 개념이에요. 커피 콩을 재배한 농부들에게 커피 가격에서 제대로 된 몫을 찾아 주자는 것이지요.

'착한 소비'에 대한 관심이 커지면서 '착한 기업'과 '기부 제품'을 찾는 소비자들도 많이 늘었습니다. 물건을 구입하면 그 금액의 일부가 자동으로 어려운 사람들에게 기부되는 것이지요. 자, 우리도 이제 착한 소비를 하는 착한 소비자가 한번 되어 볼까요?

경제가 보이는 퀴즈

1. '버럭 참나무의 손님맞이' 이야기에 담겨 있는 경제 원리는 무엇일까요? (   )

    ① 생산자 주권

    ② 소비자 주권

    ③ 지도자 주권

    ④ 책임자 주권

2. 우리 사회에서 생산자가 어떤 물건을 만들 것인가에 대해 가장 크게 영향을 미치는 집단은 어디일까요? (   )

    ① 상공 회의소

    ② 소비자

    ③ 기업

    ④ 정부

3. 오늘날 소비자에게는 소비자의 권리뿐만 아니라 민주 시민으로서의 책임 의식도 중요합니다 그것에 해당되지 않는 것은 어느 것일까요? (   )

    ① 소비하는 재화와 서비스의 유용성과 품질을 공정하게 비판하는 것

    ② 상품을 구입하면서 공정한 대우를 받고 있는지 확인하고 참여하는 것

    ③ 상품이나 서비스의 국제화에 적극 참여하는 것

    ④ 깨끗한 환경을 유지하는 것

정답 1.② 2.② 3.③

5
가격이 내리면 많이 사요

수요 이 세상에는 77억 명이 훨씬 넘는 사람들이 살고 있어요. 그리고 모두들 많은 물건을 필요로 해요. 학용품, 음식, 옷, 자동차, 집 등 종류도 다양하고, 필요한 수량도 엄청나요. 그런데 이 물건들은 시기와 장소에 따라 값이 달라져요. 우리는 물건을 살 때 기왕이면 싸게 사려고 합니다. 물건의 가격은 언제 싸질까요?

부자가 된 귤나무 주인

　따뜻한 남쪽 나라에 한 농부가 나무를 몇 그루 키웠어요. 어릴 때는 녹색이고 익으면 주황색 열매를 맺는 나무였어요.
　"여보, 이 열매 좀 봐요. 노랗고 탐스런 열매가 가지마다 주렁주렁 열렸어요."
　"맛도 새콤달콤한 것이 일품이군. 정말 맛있어."
　어느새 소문이 퍼져 마을 사람들은 다투어 이 나무 열매를 맛보고 싶어 했어요. 크기는 달걀만 한 것도 있고 그것보다 훨씬 더 큰 것도 있었어요. 사람들은 열매를 보며 아주 신기해했어요.
　"이 열매 이름이 뭐냐고요? 감도 아니고 사과도 아니고, 바로 귤입니다, 귤!"

처음에 귤나무 주인은 예쁘고 맛있는 귤을 소중한 분들에게 한 개 또는 몇 개만 맛보도록 그냥 주었어요. 어떻게 이웃 사람들한테 돈을 받고 팔 수 있겠냐고 하면서 공짜로 주었지요. 그렇지만 사람들은 귀한 과일을 공짜로 얻어먹기만 할 수 없어, 자기들이 아끼는 소중한 물건들을 귤나무 주인에게 주고 갔어요.

소문이 퍼지면서 더 많은 사람들이 새콤달콤한 맛이 나는 귤을 먹고 싶어 했어요.

"예쁘고 맛있는 귤! 귤을 한번 먹어 보면 얼마나 좋을까?"

맛있는 귤을 실컷 먹을 수만 있다면 소원이 없겠다고 말하는 사람들까지 생겨났어요.

그러자 귤나무 주인은 귤을 따서 시장에 내다 팔기 시작했어요.

"자, 새콤달콤한 귤! 귤이 왔어요, 귤! 늙은 사람이 먹으면 젊어지고, 덜 예쁜 사람이 먹으면 예뻐지는 귤입니다."

"어, 정말 맛있네요. 전 열 개만 주세요."

"저도 열 개요."

"저는 스무 개요."

사람들이 모여들어 순식간에 귤은 다 팔렸어요.

시간이 지날수록 더욱 많은 사람들이 누르스름한 색깔을 띠며 여러 가지 맛을 내는 귤을 더 많이 먹고 싶어 했어요.

사람들이 구름처럼 몰려들었어요. 귤을 먹고 싶어 하던 사람들은 귤나무 주인에게 달려와서 빨리 귤을 내놓으라고 아우성을 쳤지요. 그럴수록 귤의 값은 더욱 비싸졌고요. 처음에는 100원씩 하던 귤이 500원에 팔리기까지 했어요. 그래도 손님들은 끊이지 않았지요. 그 후 귤나무 주인은 돈을 많이 벌어 큰 부자가 되었어요.

경제 이야기 | 수요의 법칙이란?

'부자가 된 귤나무 주인' 이야기에서 처음에는 100원씩 하던 귤 가격이 500원까지 올랐어요. 사람들이 너도나도 귤을 사겠다고 몰려들었기 때문이에요.

물건을 사는 사람은 누구라도 싸게 사고 싶어 해요. 그래서 가격이 떨어지면 물건을 많이 사고 가격이 올라가면 조금 사게 돼요. 사람들이 어떤 물건이나 서비스를 사고자 하는 욕구를 '수요'라고 해요. 그냥 어떤 물건을 사고 싶다고 막연히 생각하는 욕구가 아니라, 실제로 돈을 가지고 물건을 사려는 양을 말하지요.

수요는 가격과 서로 영향을 주고받아요. 다음 그래프를 볼까요? 자동차의 가격이 4천만 원일 때 사람들은 자동차를 10대만 사려고 해요(A점). 그런데 자동차의 가격이 1천만 원으로 떨어지면 자동차를 사려는 사람의 숫자는 3배나 증가하여 30대를 사려고 해요(C점).

그래프에서처럼 자동차의 가격이 올라가면 자동차를 사려고 했던 사람들의 욕구, 즉 수요는 떨어져요. 반대로 자동차의 가격이 떨어지면 자동차의 수요는 올라가요. 가격과 수요가 반대로 움직이지요. 이와 같이 어떤 물건의 가격이 올라가면 그 물건의 수요량이 줄어드는 것을 '수요의 법칙'이라고 해요. 수요의 법칙을 잘 이용하면 적은 돈으로 큰 이득을 얻을 수 있어요. 소비자들이 물건의 가격에 따라 소비를 줄이거나 늘리는 원리를 파악할 수 있게 되니까요.

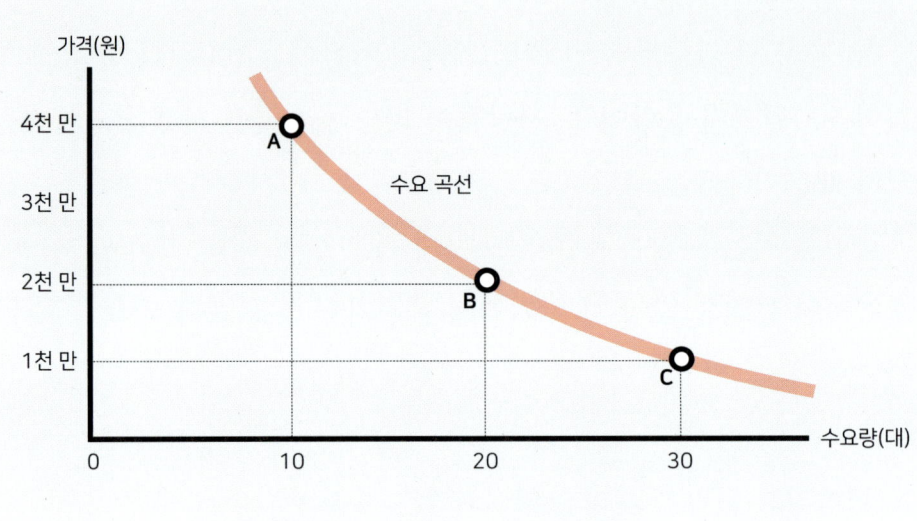

자동차의 가격과 수요량의 관계

물건의 가격 변동 이외에도 수요에 영향을 주는 것들이 있습니다. 우리가 좋아하는 아이스크림의 수요를 한번 생각해 볼까요? 먼저 우리는 아이스크림을 살 때 얼마나 살지를 어떻게 결정하나요? 그리고 어떤 요인들이 그 결정에 영향을 미칠까요?

첫째, 그 상품의 가격이 있어요. 아이스크림 한 개의 값이 500원에서 700원으로 오른다면 아이스크림 대신 값이 싼 차가운 음료수를 사먹는 사람이 생길 거예요. 반대로 아이스크림 값이 300원으로 내린다면 사람들은 아이스크림을 더 많이 사 먹게 될 거고요. 이처럼 수요량은 가격이 오르면 줄고 가격이 내리면 늘어나요. 아이스크림의 수요량은 아이스크림의 가격과 정반대로 움직이는 것이지요.

둘째, 관련 있는 물건의 가격이 있어요. 아이스크림처럼 사람들의 더위를 식혀 줄 차가운 음료수의 가격이 아이스크림보다 내린다면 사람들은 수요의 법칙에 따라 아이스크림 대신 음료수를 더 많이 사 먹게 될 거예요.

셋째, 사람들이 일해서 버는 돈, 즉 소득이 있어요. 1달에 1백만 원을 벌던 사람이 50만 원으로 벌이가 줄어든다면, 그 사람은 예전처럼 아이스크림을 사 먹을 수 없을 거예요.

넷째, 소비자의 취향이 있어요. 예를 들어, 아이스크림을 좋아하는 사람이 많으면 아이스크림을 더 많이 사게 되겠지요. 사람들이 핫도그, 햄버거, 피자 등을 좋아하면 그 음식들의 수요가 늘어나게 될 것이고요.

다섯째, 소비자의 미래에 대한 기대가 현재의 수요에 영향을 미칠 수 있어요. 만약 다음 달부터 소득이 20만 원 더 늘어날 거라고 기대한다면 저축의 일부를 사용하여 아이스크림을 더 살 수 있을 거예요. 혹은 다음 주에 아이스크림 가격이 떨어질 것으로 기대한다면 사람들은 이번 주에 아이스크림을 덜 사 먹게 될 거예요.

> **세상 속으로**   휴대 전화가 300만 원이 넘었다고요?

우리나라에 휴대 전화가 처음 등장한 것은 1984년이에요. 당시 고급승용차 한 대 가격이 500만 원 정도였으므로, 그때는 웬만한 부자가 아니면 휴대 전화를 가질 수 없었어요. 휴대 전화 한 대 가격이 300만 원을 훌쩍 넘었기 때문이에요. 당시의 휴대 전화는 크기가 여러분들 팔뚝만 했는데, 큼직한 휴대 전화는 부자들이나 가질 수 있는 부의 상징과 같은 물건이었어요. 그러니 그 무렵 초등학생들이 휴대 전화를 가진다는 것은 상상도 할 수 없었지요.

그러던 것이 이제 어떻게 바뀌었나요? 1984년만 하더라도 휴대 전화를 가진 사람은 전국에 겨우 2,600명이 조금 넘었어요. 그런데 2010년에는 그 수가 5,000만 명이 훨씬 넘었었어요. 우리 국민 모두가 휴대 전화 한 대 이상을 가지고 있는 셈이지요. 더욱이 2019년에는 6,889만 명 이상이 휴대전화를 가지고 있는 것으로 나타났어요.

요즘은 어른들은 물론이고, 여러분과 같은 초등학생들도 휴대 전화를 많이 가지고 있으니까요. 이제 더 이상 휴대 전화는 부자들만 가질 수 있는 고급 물건이 아니랍니다.

그런데 어떻게 1980년대 후반만 해도 돈 많은 어른들이나 가질 수 있었던 휴대 전화를 지금은 어린 학생들까지도 가지게 되었을까요?

그것은 무엇보다 휴대 전화의 가격이 많이 내렸기 때문이에요. 휴대 전화가 처음 나왔던 1984년처럼 가격이 300만 원이 넘는다면, 어린이들은 휴대 전화를 사 달라고 부모님을 감히 조르지 못했을 거예요. 물론 여러분이 조른다고 해도 부모님이 사 줄 수 없었을 테고요.

그렇지만 지금은 20~30만 원으로도 휴대 전화를 살 수 있고, 공짜로 휴대 전화를 주는 경우도 많으니 초등학생들도 필요하다면 휴대 전화를 가질 수 있게 되었어요. 기술이 발달하면서 크기도 훨씬 작아지고 기능도 다양해져서 단순히 전화를 걸고 받는 용도로만 사용했던 처음의 휴대 전화와는 비교할 수 없을 정도가 되었지요.

이처럼 일반적으로 어떤 물건의 가격이 내려가면 사람들은 그 물건을 더 사게 되고, 가격이 올라가면 덜 사게 되지요. 어린이 여러분까지도 휴대 전화를 가지게 된 것은 바로 이 수요의 법칙이 작용한 결과라고 할 수 있어요.

경제가 보이는 퀴즈

1. 다음 중 수요의 법칙을 가장 정확하게 표현한 것은 어느 것일까요? (   )

    ① 어떤 상품의 가격이 올라가면 그 상품의 수요량이 줄어드는 것

    ② 어떤 상품의 공급량이 늘어나면 그 상품의 가격이 떨어지는 것

    ③ 어떤 상품의 가격이 올라가면 그 상품의 수요량이 늘어나는 것

    ④ 어떤 상품의 공급량이 늘어나면 그 상품의 가격이 올라가는 것

2. 상품을 얼마나 살지 결정할 때 가장 관련이 적은 것은 어느 것일까요? (   )

    ① 상품의 가격

    ② 소비자의 학력 수준

    ③ 소비자의 소득

    ④ 소비자의 취향

3. 졸업식이나 입학식 때면 꽃 값이 평소보다 더 비싸지고, 명절 때 제사상에 오르는 과일 값이 2배, 3배로 올라가는 것은 경제의 어떤 원리와 가장 관계가 깊을까요? (   )

    ① 생산의 원리

    ② 분배의 원리

    ③ 한계의 원리

    ④ 수요의 원리

정답: 1.① 2.② 3.④

6
비싸게 많이 팔고 싶어요

공급 생산자라면 누구나 자기가 만든 물건을 비싸게 팔고 싶어 해요. 농부나 신발 가게 주인, 전자 제품 회사 등도 모두 마찬가지일 거예요. 그렇지만 어떤 때는 물건이 자신이 받고 싶어 하는 가격보다 더 비싸게 팔리기도 하고, 어떤 때는 자신이 받고 싶어 하는 가격보다 훨씬 싸게 팔리기도 해요. 어떻게 하면 물건을 비싸게 많이 팔 수 있을까요?

나막신과 짚신

옛날 어느 마을에 집에서 빈둥빈둥 놀며 시간만 보내는 한 젊은이가 살고 있었습니다. 하루는 아버지가 아들을 불러 타일렀어요.

"남들은 네 나이에 과거를 보아 벼슬을 하고 이름을 날리는데, 넌 집에서 먹고 잠이나 자면서 날을 보내니 어쩔 셈이냐?"

아버지의 한탄하는 소리를 들은 아들은 언짢아졌습니다.

"돈이야 벌면 되지요. 신발을 만들어서 장사나 해 볼래요. 밑천이

나 좀 대 주세요."

아버지는 아들이 미덥지 않았지만, 놀고 있는 것보다는 나을 것 같아 장사에 필요한 돈을 내주었습니다.

아들은 그 돈으로 짚신을 만들어 신발 장사를 시작했습니다. 장사를 시작한 첫날은 곧 비가 내릴 것처럼 날이 흐렸습니다. 아들은 시장에 짚신을 펴 놓고 큰 소리로 외쳤습니다.

"짚신 사세요! 튼튼한 짚신 사세요!"

하지만 아무도 짚신을 사지 않았습니다. 날씨는 더욱 흐려져 빗방울이 떨어지기 시작했어요. 집으로 돌아가려고 짐을 꾸리던 아들은 길 건너편에 사람들이 잔뜩 모여 있는 것을 발견했습니다. 가서 보니 나막신 장수가 나막신을 팔고 있었어요. 사람들은 서로 나막신을 사려고 아우성이었고요.

'아, 나막신이 잘 팔리는구나. 나도 내일은 나막신을 만들어 와서 팔아야지.'

아들은 집에 돌아가자마자 열심히 나막신을 만들었습니다. 그리고 다음 날 다시 시장으로 나갔습니다.

따가운 햇볕 아래에서 아들은 하루 종일 고생했지만 나막신을 한

켤레도 팔지 못했습니다. 반면에 어제 나막신을 팔던 장수는 오늘은 짚신을 가져와 잘 팔고 있었답니다.

'내가 짚신을 팔 때는 한 켤레도 안 나가더니…….'

아들은 짚신 장수를 찾아가 비법을 가르쳐 달라고 부탁했어요.

"허허, 특별한 비법은 없소. 단지 비가 오면 사람들이 짚신보다는 나막신을 필요로 하고 해가 쨍쨍하면 짚신을 필요로 할 것이니, 때에 맞게 사람들이 원하는 것을 파는 것뿐이라오."

이 이야기에 깨달음을 얻은 아들은 다음 날부터 날씨를 잘 살펴 비가 오는 날에는 나막신을, 맑은 날에는 짚신을 만들어 팔았습니다. 그리고 나중에는 신발뿐만 아니라 우산과 부채도 함께 팔아 많은 돈을 벌게 되었답니다.

| 경제 이야기 | 공급의 법칙이란?

    나막신과 짚신을 팔던 아들은 실패를 통해 날씨를 살펴 물건을 팔아야 한다는 사실을 깨달았습니다. 이렇듯 물건을 만들어 파는 생산자는 물건을 살 사람들이 무엇을 필요로 하는지 항상 생각해야 합니다.

    농사가 풍년이 되면 곡식과 채소가 잘 자랍니다. 반가운 이야기인 것 같지만 농부들의 속사정은 달라요. 풍년이 들면 곡식이나 채소 값이 엄청나게 떨어지기 때문이지요. 잘 이해가 안 간다고요? 곡식이나 채소를 살 사람들은 정해져 있고, 수요량도 어느 정도 일정합니다. 그런데 풍년이 들어 곡식과 채소가 보통 때보다 많이 나오게 되면 물건이 넘쳐 가격이 떨어지는 것이지요.

    그래서 물건을 좋은 가격에 잘 팔기 위해서 생산자는 시장을 잘 살펴야 해요. 소비자가 무엇을 원하는지 남들보다 조금 더 빨리 알아채고 준비하면 생산자는 적은 노력으로 큰돈을 벌 수 있답니다. 무턱대고 물건을 만들어서 팔기보다는 '내가 만든 물건을 사 줄 사람은 있는지', '필요로 하는 양은 얼마인지', '언제쯤 필요로 할지', '어느 정도의 가격이라면 사람들이 살지' 등을 미리 조사해서 알맞게 생산할 줄 아는 노력과 지혜가 필요합니다.

    소비자를 위해 생산자가 생산한 물건의 양이나 팔려고 시장에 내놓은 물건의 양을 가리켜 '공급'이라고 합니다. 앞에서 살펴본 것처럼 공급량은 일정하게 정해져 있지 않아요. 생산자가 더욱 많은 이익을 얻기 위해서는 시장 가격을 살펴보고 거기에 맞추어 공급량을 결정해야 합니다. 그럼 생산자가 어떤 기준으로 물건의 양을 조정하는지 알아볼까요?

첫째, 물건의 가격에 따라 공급량을 결정해요. 기본적으로 물건의 값이 오르면 이득이 커지니까 생산자는 더 많이 만들려고 하고, 값이 떨어지면 손해를 보니까 아예 만들지 않거나 조금만 만들어서 팔려고 하지요. 이것을 그래프로 그리면 다음과 같습니다.

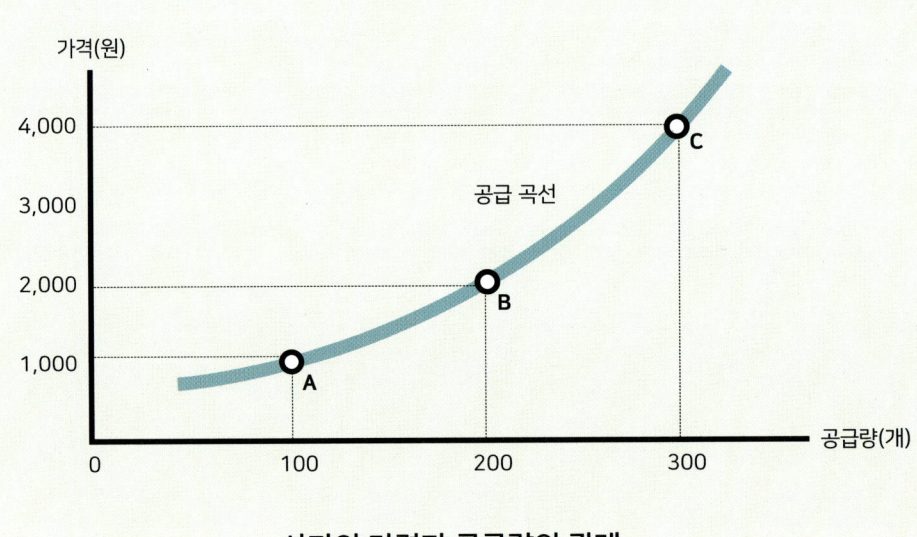

사과의 가격과 공급량의 관계

이 그래프에서 볼 수 있듯이 생산자는 사과 1개의 가격이 1,000원일 때는 100개만 공급하지만(A점), 가격이 올라 4,000원이 되면 300개로 공급량을 3배로 늘립니다(C점). 그렇게 하는 것이 생산자에게 이익이 되기 때문이지요.

이렇게 공급은 가격에 비례해요. 비례한다는 말은 가격이 오르면 공급량도 같이 늘어나고, 가격이 떨어지면 공급량도 같이 줄어든다는 말이에요. 이것을 '공급의 법칙'이라고 해요.

둘째, 생산 요소의 가격에 따라 공급량이 결정돼요. 생산 요소란 물건을 만들기 위해 필요한 것들이에요. 예를 들어, 빵을 만들려면 밀가루, 설탕, 계란, 버터 그리고 빵 굽는 기계, 빵 만드는 사람이 있어야 해요. 이때 들어가는 돈을 생산 요소의 가격이라고 하지요. 만약 밀 농사가 흉년이 들어 밀가루 값이 올라가면 어떻게 될까요? 빵을 만드는 데 재료비가 비싸져서 빵을 팔아 생기는 이익은 줄어들어요. 이렇게 생산 요소의 가격이 높아지면 생산량은 줄어들고 반대로 생산 요소의 가격이 낮아지면 생산량은 늘어나요. 적은 돈으로 더 많은 물건을 만들 수 있으니까요.

셋째, 생산 기술도 공급량을 결정해요. 기계로 빵을 만들면 생산 요소의 가격이 줄어들어요. 사람에게 주는 월급보다 기계를 사용할 때가 훨씬 돈이 적게 들고, 짧은 시간에 더 많은 빵을 만들 수 있고요.

넷째, 물건에 대한 미래의 기대도 생산량에 영향을 미쳐요. 예를 들어, 앞으로 빵 가격이 더 오를 것이라고 예상되면 빵 만드는 사람은 생산량을 당장은 줄일 거예요. 왜냐고요? 값이 오른 다음에 한꺼번에 많이 파는 게 더 이득이 되기 때문이지요.

빵은 어떤 과정을 거쳐 만들어질까요?

세상 속으로 울상 짓는 사람 따로, 웃음 짓는 사람 따로

예상하지 못했던 일이 일어나 물건의 수요와 공급을 결정하는 경우가 종종 발생해요. 뜻하지 않은 어떤 일을 계기로 생각지도 못했던 물건이 불티나게 팔려 나가는 것이지요.

2002년과 2003년 두 해 동안 아시아를 뒤흔들었던 커다란 사건이 있었어요. '사스(SARS)'로 불렸던 '중증 급성 호흡기 증후군'이 아시아 전체에 급속하게 퍼졌었습니다. 2002년 11월에 발생하여 2003년 7월까지 크게 유행했던 이 병으로, 700명이 넘게 목숨을 잃었어요. 또 코로나 19로 사망한 사람이 450명(2020년 10월 21일 기준)이고, 전 세계적으로는 111만 6천 명(2020년 10월 21일 기준, 1,116,134명) 이상이 목숨을 잃은 것으로 나타났어요. 사스와 코로나 19는 호흡기를 통해 감염되는

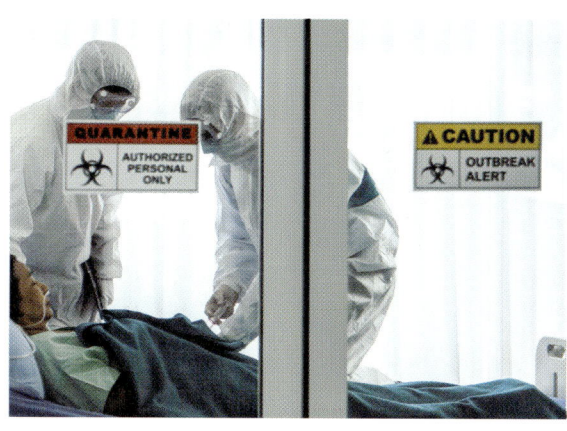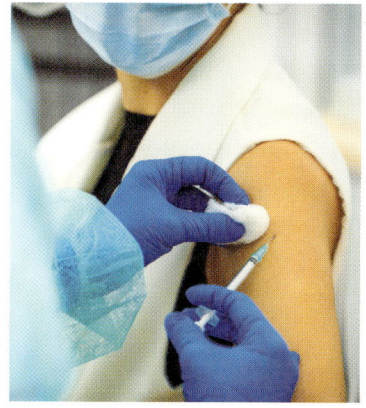

질병이라 사람들은 공공 장소를 피하고 다른 사람들과 되도록 접촉하지 않으려고 노력했어요. 그 때문에 세계 여러 나라의 여행 산업은 크게 영향을 받았지요. 사람들이 다른 나라로 여행을 가는 것을 꺼렸기 때문에 여행사나 항공사들은 잔뜩 울상을 지었답니다.

그렇지만 사스로 크게 돈을 번 사람들도 있었습니다. 마스크, 소독제 등을 판매하던 회사들이었어요. 갑자기 사람들이 마스크와 소독제를 찾기 시작하면서 이들 물건은 가격이 올라가고, 제품을 만드는 기업들은 생산량이 증가해 큰 수익을 거두었어요.

구제역과 광우병, 조류 독감 등이 문제가 되었을 때에도 마찬가지였어요. 전 세계적으로 이들 문제가 부각되자 구제역과 관련한 돼지고기, 광우병과 관련한 쇠고기, 조류 독감과 관련한 닭고기의 소비는 급격하게 줄었지요. 그 대신 해산물을 찾는 사람들이 급격하게 늘어났어요. 그 덕분에 해산물의 가격이 많이 올랐고, 해산물로 만든 음식도 인기가 높아져 해산물 판매량은 더욱 크게 늘어났습니다.

그뿐만이 아니에요. 수돗물에서 무균성 뇌수막염, 급성 장염, 간염 등 각종 질환을 일으키는 바이러스가 검출됐다는 보도가 났을 때는 깨끗한 물을 찾는 사람들이 갑자기 증가했어요. 따라서 정수기나 생수 소비가 늘어났고, 이들을 만드는 회사의 생산량이 증가하고 판매하는 회사들의 매출도 높아졌답니다.

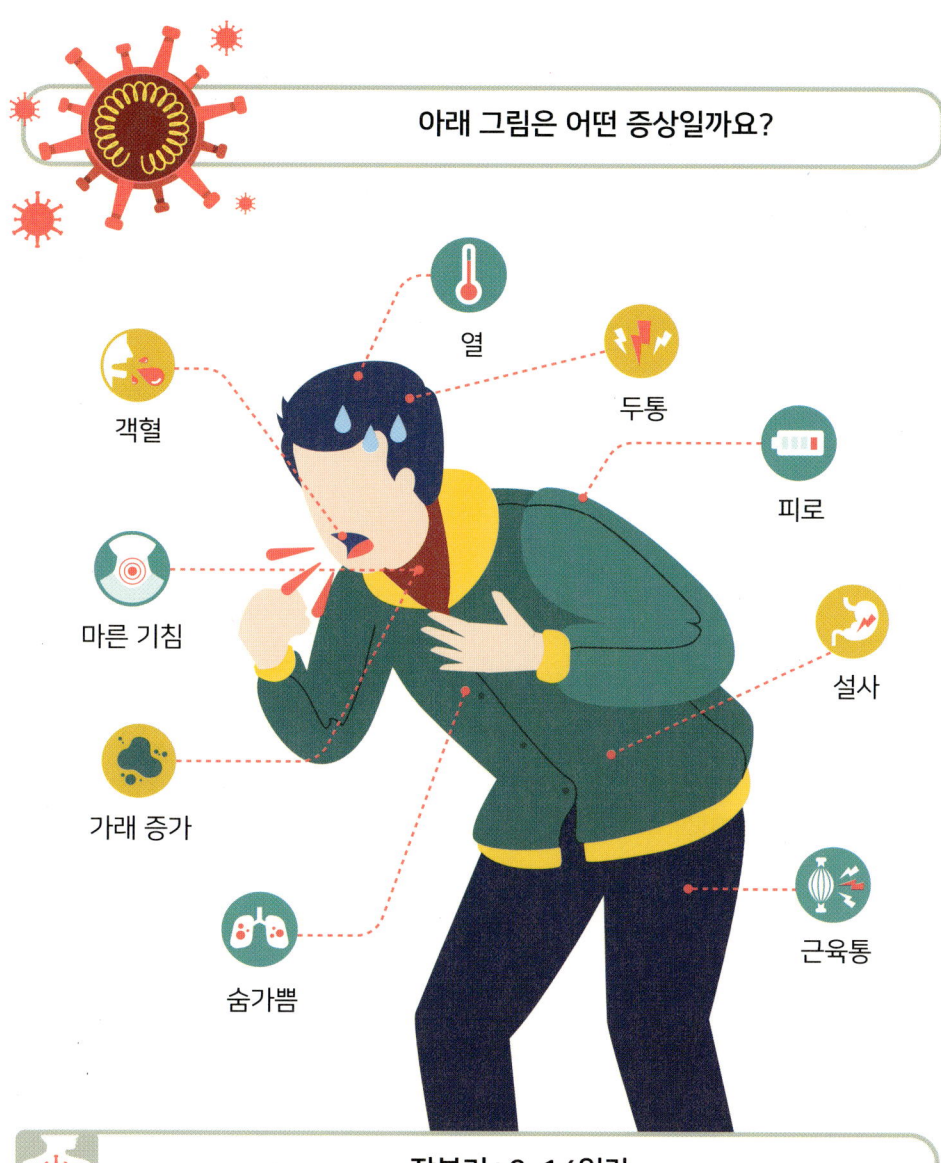

경제가 보이는 퀴즈

1. 공급의 법칙을 가장 잘 표현하고 있는 것은 다음 중 어느 것일까요? (   )

   ① 상품의 가격이 올라가면 그 상품의 공급량이 늘어난다.
   ② 상품의 가격이 떨어지면 그 상품의 공급량이 늘어난다.
   ③ 상품의 공급량이 늘어나면 그 상품의 가격이 올라간다.
   ④ 상품의 공급량이 줄어들면 그 상품의 가격이 떨어진다.

2. 생산자가 물건을 공급하는 데 영향을 끼치는 요소로 가장 거리가 먼 것은 무엇일까요? (   )

   ① 생산 요소의 가격
   ② 생산 기술의 발전
   ③ 상품에 대한 미래의 기대
   ④ 사람들의 의식 수준의 변화

3. "흉년의 떡도 많이 나면 싸다", "자식도 많으면 천하다"는 속담의 의미를 가장 잘 표현한 경제 법칙은 어느 것일까요? (   )

   ① 수요의 법칙
   ② 교환의 법칙
   ③ 공급의 법칙
   ④ 분배의 법칙

정답 1.① 2.④ 3.③

7
가격 변동에 따라 수요량이 변해요

수요의 가격 탄력성 왜 동네 가게에서는 낱개로 물건을 파는데, 대형 마트에서는 같은 물건을 여러 개 묶어 팔까요? 왜 사람들은 가까운 동네 가게 대신 차를 타고 대형 마트로 물건을 사러 갈까요? 왜 '폭탄 세일' 광고가 붙은 가게에는 사람들이 몰릴까요? 가격이 쌀수록 사람들이 많이 모여든다는 사실을 눈치챘나요?

당근 파는 할머니의 지혜

 옛날 어느 마을에 할머니와 어린 손녀가 함께 살고 있었어요. 할머니는 당근을 팔아 생계를 꾸렸습니다. 그러던 어느 날, 애지중지하던 손녀가 아프기 시작했어요.
 "아이고, 아가야. 이마가 불덩이로구나!"
 할머니는 손녀를 정성껏 보살폈지만 손녀의 병은 쉽게 낫지 않았어요. 결국 할머니는 마을에서 제일 용하다는 의원을 불렀어요.
 "우선 열부터 내려야겠습니다. 그런데……."
 "왜 그러십니까, 의원님?"
 "열을 내리려면 약이 필요한데, 돈이 많이 듭니다."
 할머니는 큰 고민에 빠졌어요. 손녀의 약값을 구해야 했기 때문이었지요. 할머니는 마음이 조급했습니다. 그래서 당근을 평소보다 더 비싸게 팔기 시작했어요. 그러나 할머니의 생각과 달리 당근은 잘 팔리지 않았어요.
 "당근 사세요! 손녀딸이 아파 약값을 마련해야 해요."

하지만 마음 좋은 몇 사람만 당근을 사 줄 뿐
모두 고개를 저으며 지나쳤어요.

"할머니, 사정은 딱하지만 당근이 너무 비싸네요. 그리 비싸니 누가 할머니에게 당근을 사려고 하겠어요?"

보다 못한 마을 사람이 할머니에게 충고를 했습니다.

열심히 고민하던 할머니는 한 가지 좋은 방법을 생각해 냈어요.

'그래, 당근 값을 조금 내리고 다섯 개씩 묶어서 팔면 사람들이 싸다고 사 갈 거야! 내가 왜 진작 그런 생각을 못 했지?'

할머니 생각이 맞았어요. 다섯 개씩 묶어 싼 값으로 당근을 내놓자 너도나도 당근을 사 가기 시작했어요. 열심히 당근을 판 할머니는 이틀 만에 약값을 마련했어요. 깨끗이 병이 나은 손녀가 할머니에게 물었어요.

"할머니, 그 비싼 약값을 어떻게 버셨어요?"

"그게 이상하단 말이다. 분명히 당근을 싸게 팔았는데 이익은 더 많이 남았으니……. 비싸게 적게 파는 것보다 싸게 많이 파는 것이 더 이익이 되더구나. 그리고 비싸게 팔 때에는 안 팔려서 내버리는 당근도 많았는데, 싸게 다 파니까 남는 당근이 없어 청소하기도 쉽고, 빨리 팔고 집에 와서 쉴 수도 있으니 말이다."

할머니와 손녀는 이상하다고 생각했지만 기분은 참 좋았습니다.

경제 이야기 수요의 가격 탄력성이란?

처음에 당근 파는 할머니는 무조건 당근을 비싸게 파는 것이 이익이 될 거라고 생각했어요. 그러나 물건을 비싸게 파니 사람들이 잘 사 가지 않았어요.

부모님을 따라 대형 마트에 장을 보러 간 적이 있을 거예요. 사람들은 걸어서 갈 수 있는 동네 가게에 가는 대신, 차를 타고 20~30분씩 가야 하는 대형 마트까지 갑니다. 대형 마트는 크게 가격을 할인하여 사람들을 잔뜩 유혹하지요. 그렇게 때문에 하나만 사고 말 물건을 두세 개씩도 사고, 가끔은 싼 맛에 몇 보따리씩 사기도 합니다.

이는 모두 '수요의 가격 탄력성'을 이용한 대형 마트의 전략 때문이에요. '수요의 가격 탄력성'이란 물건의 가격이 달라짐에 따라 소비자들이 물건을 사는 수요가 늘기도 하고 줄기도 한다는 뜻이에요.

"아주머니 떡도 싸야 사 먹지"라는 속담을 들어 보았나요? 이 속담은 떡을 사 먹는 중요한 이유가 아주머니이기 때문이 아니라 값이 싸기 때문임을 강조하고 있지요. 즉 아주머니가 떡을 싸게 판다면 사람들은 떡을 더 많이 살 것이고, 떡을 비싸게 판다면 덜 사게 될 거예요. 아까 살펴본 '수요의 가격 탄력성'이 적용되는 것이지요.

그렇다면 떡 값을 싸게 받아 많이 파는 것이 왜 아주머니에게 이익이 될까요? 그 이유는 떡 값이 내려 그로 인해 수입이 줄어드는 양보다 싸게 많이 팔아 수입이 증가하는 양이 더 크기 때문이에요. 1개 200원 하는 떡을 10개 팔면 2,000원을 벌 수 있어요. 하지만 떡 값을 반으로 낮추어 100원에 팔면 사람들이 더 많이 사 30개를 팔 수 있고, 그렇게 되면 3,000원을 벌게 되는 것이지요.

대형 마트에서는 이 점을 이용하여 큰돈을 벌고 있어요. '박리다매'라는 말 역시 수요의 가격 탄력성을 생활 속에서 이용한 지혜입니다. 이 말은 이익을 적게 보고 물건을 많이 팔아 전체의 이익을 크게 올리는 것을 뜻합니다. 길거리를 걷다 보면 '가격 파괴', '폭탄 세일'이라는 문구를 흔히 볼 수 있지요? 이런 가게들도 역시 물건의 가격을 파격적으로 싸게 받는 대신에 아주 많이 팔아 이윤을 크게 남기려는 판매 전략을 펼치는 거예요.

이들 대형 마트나 가게들의 전략은 '규모의 경제'를 잘 활용한 것이기도 합니다. 규모의 경제란 자본·노동·토지 등 생산 요소의 사용량을 가장 알맞은 상태로 조정해 가면서 생산량의 규모를 확장해 나갈 때, 각 상품의 한 개당 비용은 점점 줄어들어 대규모로 이익이 발생하는 것을 말합니다.

예를 들어 볼까요? 빵 공장에서 빵을 더 많이 만들 수 있는 기계를 사서 빵 생산량을 10배로 늘렸다고 해요. 기계를 사는 데는 돈이 들었지만 한꺼번에 빵을 만들 수 있는 양이 엄청 늘어나면서 빵 1개를 만드는 비용은 점점 줄어들게 될 거예요. 그리고 빵을 만드는 데 필요한 밀가루나 우유 등도 대량으로 구입하면 재료 값을 할인받을 수 있어, 이 역시 빵 1개를 만드는 비용을 줄여 주게 되지요.

이러한 규모의 경제를 통한 이익은 자동차, 조선, 제철, 전자, 통신, 전력, 원자력 산업 등 초기의 설비 규모가 큰 산업일수록 효과가 크게 나타납니다. 대부분의 회사들은 '규모의 경제 이익'을 활용하기 위해서 여러 가지로 노력한답니다.

소비자들도 마찬가지예요. 대체로 많은 사람들이 규모의 경제 이익 때문에 동네 가게보다 대형 마트를 자주 이용하는 것이지요. 대형 마트의 물건이 싼 이유는 많은 물건을 한꺼번에 구매, 운송, 판매하고 또 중간 상인을 거치지 않고 직접 공장이나 농부한테 물건을 사 오기 때문이에요. 그리고 보통 대형 마트들은 매장이 하나가 아니라 전국에 수십 개를 운영하므로 규모의 경제를 더욱 크게 활용할 수 있지요.

세상 속으로   대형 마트보다 싸게 물건을 산다고요?

    미국의 거리를 지나다 보면 자기 집 뜰이나 차고 등에서 세일을 한다고 써 붙인 팻말들이 많이 보여요. '야드 세일(yard sale)'이나 '개라지 세일(garage sale)'이라고 붙어 있지요. 이들은 자기 집에서 쓰던 물건 가운데 잘 사용하지 않거나 필요가 없게 된 물건을 아주 싼 가격에 이웃들에게 내다 파는 것이에요.

    유럽에도 '벼룩시장'이라고 불리는 중고품을 파는 시장이 있어요. 온갖 종류의 물건들이 나와 있어 구경하는 재미도 쏠쏠해요. 발품을 팔면 엄청나게 싼 가격에 괜찮은 물건을 고를 수도 있지요. 우리나라에는 벼룩시장과 비슷한 도떼기시장이 있어요. 도떼기시장은 일반적인 시장은 아니고, 보통 중고품이나 고물 같은 온갖 물건을 도매나 소매로 파는 시끌벅적한 시장입니다. 이들 시장은 모두 쓰던 물건이나 고물, 싼 값에 넘어온 유행이 지난 물건을 판다는 공통점이 있어요.

    우리나라 사람들은 대체로 남이 쓰던 물건을 사서 다시 쓰는 것을 꺼리는 편이에요. 그렇지만 미국이나 유럽 사람들은 중고 시장을 잘 활용해 알뜰하게 물건을 구입하는 것을 좋아한답니다. 물건을 사는 사람은 저렴한 가격에 필요한 것을 사서 좋고, 파는 사람은 버릴 물건들을 처분해서 조금이라도 돈을 벌어서 좋고, 다 함께 자원 낭비도 줄일 수 있으니 '도랑 치고 가재 잡는' 일석이조, 아니 일석삼조의 생활이 되겠지요?

다양한 물건을 파는 중고 시장

경제가 보이는 퀴즈

1. '당근 파는 할머니의 지혜'에서 할머니가 손녀의 약값을 벌 수 있었던 이유는 무엇일까요? (　)

    ① 당근 가격을 싸게 내리고 많이 팔아서
    ② 할머니 당근이 맛있어서
    ③ 사람들이 할머니의 딱한 사정을 이해해 주어서
    ④ 할머니의 당근이 희소했기 때문에

2. 상품의 가격 변화에 따라 사람들의 수요가 변화되는 수요의 가격 탄력성과 가장 잘 어울리는 속담은 다음 중 어느 것일까요? (　)

    ① 도랑 치고 가재 잡는다
    ② 바늘 가는 데 실이 간다
    ③ 아주머니 떡도 싸야 사 먹지
    ④ 가을철 부채는 시세가 없다

3. 동네 가게보다 대형 할인 마트를 자주 찾고, 또 '야드 세일', '개라지 세일', '벼룩시장'을 주로 찾는 소비자들에게 적용되는 경제 원리는 다음 중 어떤 것일까요? (　)

    ① 수요의 가격 탄력성 원리　② 사유 재산의 원리
    ③ 생산성의 원리　　　　　④ 희소성의 원리

정답 1.④ 2.③ 3.①

8
더 나은 발전을 위해 경쟁해요

시장과 경쟁 시장에서 우리는 필요한 물건을 구입할 수 있어요. 하루아침에 이 시장이 없어진다면 어떻게 될까요? 스스로 농사를 짓고, 집을 짓고, 여러 가지 물건을 만드는 등 해야 할 일이 너무너무 많아질 거예요. 이제 시장은 우리가 살아가는 데 없어서는 안 될 아주 중요한 곳이 되어 버렸어요. 이런 시장은 어떤 경제 원리로 움직일까요?

알뜰 시장이 좋아요

　오늘은 누리네 반에서 알뜰 시장이 열리는 날이에요. 누리 친구들은 자기에게 필요가 없지만 아직 쓸 만한 물건들을 챙겨 와서 서로 바꾸기로 했어요.

　"누리야, 넌 뭘 가지고 왔어?"

　"동화책 세 권이랑 샤프펜슬 두 자루."

　"와, 이거 내가 읽고 싶었던 건데. 이따 내가 살래."

　진우가 아침부터 누리가 가지고 온 동화책을 탐냅니다.

　모두들 자기가 아끼는 물건을 챙겨 왔어요. 은솔이는 가방을 가지고 왔고, 송아는 필통 두 개를 챙겨 왔지요. 친구들은 책상 위에 각자 가져온 물건들을 가지런히 늘어놓았어요. 그러고는 필요한 물건을 서로 바꾸려고 기웃기웃 다른 친구들의 물건을 살펴보았어요.

　그런데 그만 문제가 생겼어요.

　"은솔아, 내 동화책이랑 네 가방이랑 바꾸자."

　"미안해, 누리야. 난 내 가방이랑 송아 필통을 바꾸고 싶어. 마침

새 필통이 필요했거든."

"아, 뭐가 이리 복잡해. 난 아람이 연필이 맘에 들어."

친구들마다 필요한 물건이 서로 달랐어요. 게다가 가방은 동화책 몇 권과 바꿔야 하는지, 필통은 연필 몇 자루와 바꾸어야 할지 가격을 정하는 일에도 통 의견이 맞지 않았어요.

교실이 금방 시끌시끌해졌어요. 친구들은 함께 모여 궁리하기 시작했어요. 먼저 자기가 가지고 온 물건에 값을 써 붙이기로 했지요.

동화책은 300원, 연필은 500원, 가방은 1,500원, 필통은 700원······. 하지만 곧 친구들의 얼굴이 다시 시무룩해졌어요.

"뭐야, 값이 서로 달라 마음에 드는 물건을 맞바꿀 수가 없어."

그렇다고 주머니에 돈이 많아 진짜 돈으로 모자라는 돈을 내 줄 수도 없습니다. 결국 친구들은 고민 끝에 종이돈을 만들어서 값을 치르고 모자라는 만큼 나중에 다른 물건으로 갚아 주기로 했어요.

이렇게 해서 누리는 동화책 세 권을 판 값에다 600원만큼 다른 물건을 더 주기로 하고 갖고 싶은 가방을 얻었답니다. 다른 친구들도 필요 없어진 물건을 판 값으로 마음에 드는 다른 물건을 얻을 수 있었어요.

더욱 신나는 일은 알뜰 시장을 하고 나서 시장과 돈이 어떻게 생겨났는지 깨닫게 된 거예요. 자기에게 필요 없는 물건을 서로 바꾸어 쓰는 장소의 의미를 알게 된 것이지요. 친구들은 앞으로도 이렇게 알뜰 시장을 계속 열어 가기로 했답니다.

경제 이야기 | 시장과 경쟁

누리네 반 친구들은 알뜰 시장을 통해 서로에게 필요 없는 물건을 맞바꿀 수 있었어요. 세상에 시장이 처음 생긴 것도 바로 같은 이유에서였어요.

옛날 사람들은 자신에게 필요한 물건은 스스로 만들어 사용했어요. 그러다가 조금씩 남는 물건이 생기자 필요한 물건을 서로 바꾸어 쓰게 되었지요. 그런데 서로 필요한 물건을 가진 사람을 만나기가 쉽지 않았어요. 사람들은 다 함께 모여 남는 물건과 부족한 물건을 쉽게 바꿀 수 있는 장소를 정하기로 했답니다. 시장은 그렇게 탄생한 거예요.

사람들은 정한 장소에 모여 물건을 바꾸다가 날짜도 정해 만나는 편이 더 편리하겠다고 판단했어요. 그래서 7일이나 5일에 한 번씩 만나기로 약속을 정했답니다. 지금도 시골에 가면 이런 모습을 볼 수 있어요. 시골 장은 보통 5일 장이라고 해서 5일마다 정기 시장이 서는데 지역마다 날짜가 다 다릅니다. 물론 도시에서는 날짜와 상관없이 매일 시장이 열리지요.

시장이라고 하면 여러분은 동대문 시장이나 남대문 시장 같은 재래시장을 주로 떠올리겠지만, 물건을 사고파는 곳은 모두 시장이에요. 백화점, 대형 마트, 가게 등도 다 시장인 것이지요.

또 만질 수 없는 것을 사고파는 시장도 있어요. 사람의 노동력을 사고파는 인력 시장, 땅을 사고파는 부동산 시장, 주식을 사고파는 증권 시장, 인터넷을 통해 서로 거래하는 인터넷 시장 등도 있지요. 무엇이든 그것을 사려고 하는 사람과 팔려고 하는 사람이 만나서 정보를 주고받고 사고팔면 그것이 곧 시장인 거예요.

세상은 이렇게 다양한 종류의 크고 작은 시장들이 꼬리에 꼬리를 물고 서로 얽혀 있어요. 그래서 우리는 시장 없이는 단 하루도 살아갈 수 없지요. 시장에서는 사람들이 서로 가지고 있는 것을 맞바꾸어요. 옛날에는 물건과 물건끼리 교환했는데 요즘에는 돈을 이용합니다. 시장에서 일어나는 모든 교환은 양쪽 모두가 원할 때에만 가능해요. 어

느 한 쪽이라도 원하지 않으면 교환은 이루어지지 않아요. 이것을 어려운 말로 '자발적 교환'이라고 합니다.

시장은 자기 물건을 팔기 위한 사람들이 많이 모이는 만큼, 돈을 벌려면 다른 사람과의 경쟁에서 이겨야 해요. 사람들은 시장에서 살아남기 위해 아이디어를 짜내고 한정된 자원을 효율적으로 사용하는 법, 즉 적은 돈으로 큰 만족을 얻을 수 있는 방법을 계속해서 개발했어요. 여기서 효율적이란 말은 낭비 없이 최대한 잘 사용한다는 것을 뜻합니다. 이런 과정과 경쟁이 반복되자 자원을 함부로 쓰는 사람들은 차츰 경쟁에서 밀려났어요. 반면에 좋은 아이디어를 개발한 사람들은 성공해서 돈을 벌게 됐지요. 경쟁에서 살아남은 사람들은 더 좋은 물건을 만들기 위해 또다시 노력해야 합니다.

경쟁은 서로를 자극해 더 발전할 수 있도록 이끌어 줍니다. 경쟁에서 살아남기 위해서는 자신의 특기를 살려 기술을 개발하고, 필요한 실력을 갖추어야 합니다. 그러다 보면 자기가 발전하는 것은 물론 상대방의 발전에도 자극을 주게 되는 것이지요.

세상 속으로 | 시장과 화폐는 같이 발전했어요

시장은 생산자와 소비자가 만나 물건을 자유롭게 사고파는 장소예요. 자유로운 교환이 보장되면 사람들은 자신이 가진 장점을 최대한 이용하여 특성에 맞는 직업이나 물건을 만들어 내고, 또 판매하는 방법을 고민합니다. 그래서 시장에 가 보면 기대하지 못했던 다양한 볼거리와 물건들이 있지요.

옛날 우리나라에서 사람들이 자유롭게 나와 물건을 교환하던 시장은 '장시'라고 불렀습니다. 장시는 1400년대 후반 조선 시대에 본격적으로 발전한 농촌 시장이었어요. 사람들은 장시에 나와 농산물, 수공업 제품, 약재, 수산물 따위를 교환했습니다. 그 후 1700년대 초에 들어서면서 5일마다 정기적으로 열리는 정기 시장의 모습이 갖추어졌어요.

5일마다 열리던 농촌 장시는 사람과 사람이 만나는 기다림의 장, 물건과 물건이 모이는 만남의 장소였어요. 사람들은 특별한 볼일을 보기 위해 장에 가기도 했지만, 어떤 사람에게는 단지 남이 장에 가니까 자기도 거름 지고 따라나서는 그런 장소이기도 했어요. 또 아이들의 경우에는 부모님이 장에 다녀오면서 뭔가 새로운 것을 사다 주지나 않을까 하는 설렘과 기다림의 장이기도 했지요.

농촌 장시의 분위기가 무르익으면 시장은 사람들의 즐거운 목소리로 활기를 띠었어요. 장터에서 들을 수 있는 약장수의 능청 맞은 익살과 노랫가락, 깡깡이 소리는 부담 없이 즐길 수 있는 서민들의 소박한 오락이자 예술이었어요. 이들에 의해 장터는 연희의 공간으로 바뀌었지요. 이를 눈치 챈 상인들은 손님들을 더 많이 모으기 위해 아예 굿판을 벌이기도 했답니다. 정기적으로 사람들이 만나는 장시는 정보를 서로 주고받는 장소가 되기도 했어요.

장시와 함께 화폐도 발전했어요. 우리나라에서 금속 화폐가 널리 사용된 것은 1678년 상평통보가 본격적으로 사용되면서부터였어요. 엽전이라 불리던 상평통보는 물건의 교환을 더 편리하게 해 주기 위해 만들어졌지요. 그 이전에는 주로 쌀이나 삼베 같은 현물 화폐가 사용되었답니다. 장시가 전국적으로 퍼져 나가는 시기와 엽전이 널리 사용된 시기가 비슷한 것을 보면 화폐와 시장이 함께 발전했다는 사실을 짐작할 수 있습니다.

경제가 보이는 퀴즈

1. 시장에 대한 설명 중 바르지 못한 것은 다음 중 어느 것일까요? (   )

    ① 시장에서 생산자와 소비자는 서로 이익이 있다고 생각되면 거래한다.
    ② 시장은 사람들이 남아도는 물건과 모자라는 물건을 서로 바꾸어 사용하면서 자연스럽게 생기게 되었다.
    ③ 시장은 원래 먼 옛날에 매우 힘이 센 왕이 처음으로 만들었다.
    ④ 생산자가 기술 개발에 힘쓰게 하고, 소비자가 정보를 더 많이 수집하게 만드는 기준은 가격이다.

2. 시장의 종류에 대한 설명 중 바르지 못한 것은 어느 것일까요? (   )

    ① 재래시장, 백화점, 가게 등 물건을 사고파는 곳은 모두 시장이다.
    ② 옛날에는 5일마다 시장이 열렸지만 오늘날에는 모두 사라졌다.
    ③ 사람의 노동력을 사고파는 인력 시장, 땅을 사고파는 부동산 시장, 주식을 사고파는 증권 시장도 있다.
    ④ 오늘날에는 인터넷의 발달로 인터넷 시장이 활발해졌다.

3. 수많은 소비자와 생산자가 자신의 만족과 이윤을 최대로 얻기 위해 서로 거래 활동을 하는 것을 무엇이라고 할까요? (   )

    ① 경쟁   ② 생산
    ③ 소비   ④ 지원

정답 1.③ 2.② 3.①

9
보이지 않는 손의 마술

가격 백화점이나 재래시장에 가면 물건마다 정해진 가격이 있어요. 그 물건들의 가격은 어떻게 정해질까요? 점원들이 마음대로 정하는 것일까요? 한번 정해진 가격은 절대로 변하지 않을까요? 들쑥날쑥 종잡을 수 없는 가격은 도대체 어디에서 정해지는 걸까요?

여우 아줌마와 코끼리 아저씨의 가격 경쟁

 선들선들한 바람이 불고 하늘은 더없이 드높은 오후, 여우 아줌마는 가게 정리에 정신이 없었습니다. 하지만 손님은 많지 않았어요. 여우 아줌마는 손님들에게 불친절하기로 소문이 나 있었어요.
 여우 아줌마의 '폼난다 체육복' 가게 옆에는 '멋지다 체육복' 집이 있었어요. 목소리 큰 코끼리 아저씨가 주인이었지요.
 "만 원. 더 싸게는 못 팔아."
 기차 화통을 삶아 먹은 듯 코끼리 아저씨의 목소리가 쩌렁쩌렁 울

렸어요. 큰 소리에 놀란 손님들은 귀를 막고는 걸음아 날 살려라 하고 뛰쳐 나갔어요.

　무뚝뚝한 여우 아줌마와 거칠고 목소리 큰 코끼리 아저씨네 가게는 언제나 파리만 날렸어요. 그러던 어느 날이었어요.

　"빰빠라 빰!"

　팡파르 소리가 드높이 울려 퍼지더니 빛나는 금 단추 장식 옷을 입은 두루미가 임금님의 말을 전했어요.

　"사랑하는 백성들은 들어라. 한 달 있으면 귀여운 공주의 다섯 번째 생일이다. 이날을 기념하여 성대한 체육 대회를 열 터이니 모든 백성은 빠짐없이 참석하도록 하라."

두루미 대신의 발표가 끝나자 모두들 웅성거렸어요.

"점심은 사자 대왕이 주시나?"

"그렇겠지. 우리 운동복이나 사러 갈까?"

동물들은 우르르 옷 가게로 몰려갔어요. 코끼리 아저씨는 잽싸게 가게로 돌아와서 큰 종이에 멋진 운동복을 1만 원에 싸게 판다는 광고 문구를 써 붙였어요.

여우 아줌마도 곧 체육 대회 소식을 알게 되었어요. 코끼리 아저씨네 광고를 본 여우 아줌마는 재빨리 가격표를 고쳤어요.

"입으면 끝내 주는 폼난다 운동복. 단돈 9,900원에 모십니다."

손님들이 모두 100원이 싼 여우 아줌마 가게를 찾자 코끼리 아저씨는 가격표를 다시 썼어요.

"파격 세일! 운동복 한 벌에 8,900원! 꽃무늬 손수건은 덤!"

그러자 이번에는 코끼리 아저씨네 가게에 손님들이 많아졌어요. 이를 본 여우 아줌마도 다시 체육복 가격을 8,900원으로 내렸어요.

여우 아줌마와 코끼리 아저씨는 손님을 빼앗길까 봐 경쟁하듯 친절하게 손님을 대했어요. 달라진 두 주인 덕택에 신이 난 건 손님들이었어요. 더 싼 가격에 기분 좋게 옷을 고를 수 있었으니까요.

| 경제 이야기 | 가격이 정해지는 원리는?

'여우 아줌마와 코끼리 아저씨의 가격 경쟁'을 잘 읽어 보았나요? 이 이야기에서처럼 시장에서 가격은 계속 조정됩니다. 물건에 비해 사려는 사람이 많으면 가격이 올라가고, 반대로 사려는 사람보다 물건이 많으면 값은 떨어지지요. 하지만 이 가격이 한없이 올라가거나 한없이 내려가지는 않습니다.

시장에서 가격은 수요와 공급에 의해 정해져요. 소비자가 사려는 물건의 양인 '수요'와 생산자가 팔고자 하는 물건의 양인 '공급'에 따라서 말입니다. 5장에서 살펴보았던 수요 곡선을 다시 볼까요?

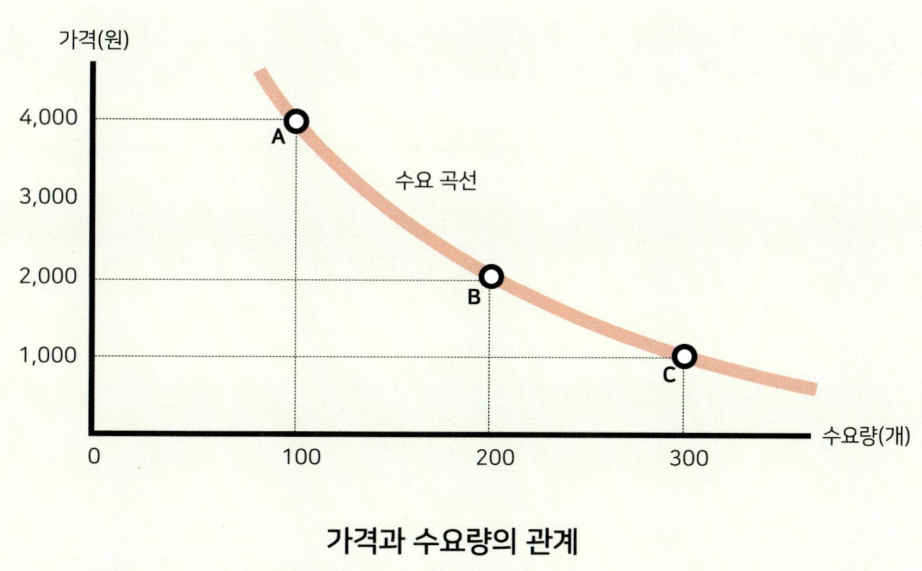

가격과 수요량의 관계

사과의 가격이 1개에 4,000원일 때 사람들은 100개만 사려고 해요 (A점). 그런데 사과의 가격이 1개에 2,000원으로 떨어지면 사람들의 사과에 대한 수요는 2배로 늘어나 200개를 사려고 하고(B점), 또 1,000원으로 떨어지면 3배로 늘어나 300개를 사려고 해요(C점). 이와 같이 사람들은 가격이 떨어지면 더 물건을 많이 사려고 해요. 바로 소비자에게 더 이익이 되기 때문이지요.

이번에는 6장에서 배웠던 공급 곡선을 다시 살펴보아요.

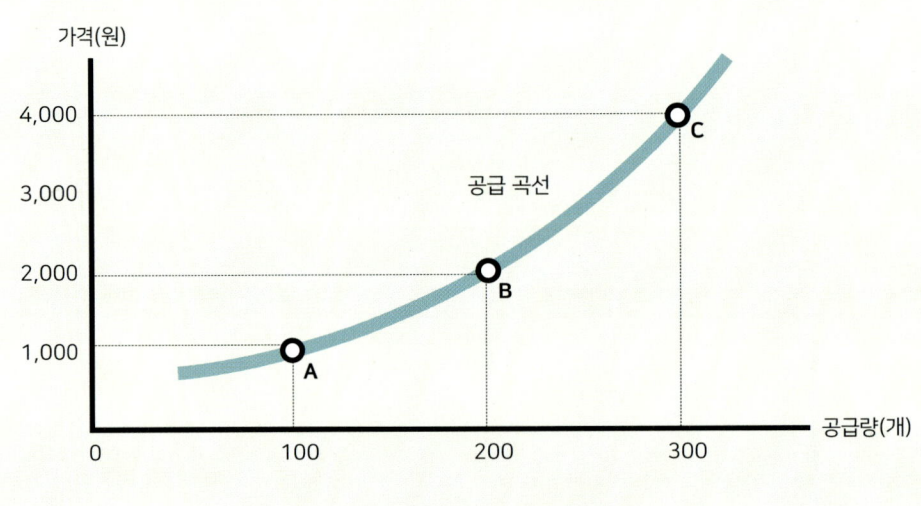

사과의 가격과 공급량의 관계

사과의 가격이 1개에 1,000원일 때 사람들은 100개만 팔려고 해요 (A점). 그런데 사과의 가격이 1개 2,000원으로 올라가면 생산자들은 사과를 두 배나 많이 내놓아 200개를 팔려고 하고(B점), 또 4,000원으로 올라가면 3배로 늘어나 300개를 팔려고 해요(C점). 이처럼 사람들은 가격이 올라가면 물건을 더 많이 팔려고 해요. 역시 생산자에게 더 이익이 되기 때문이지요.

여우 아줌마와 코끼리 아저씨 이야기에서 보았듯이 소비자에 비해 생산자가 더 많으면(공급 > 수요) 물건의 가격은 떨어지고, 반대로 소비자가 더 많으면(공급 < 수요) 가격이 올라가요.

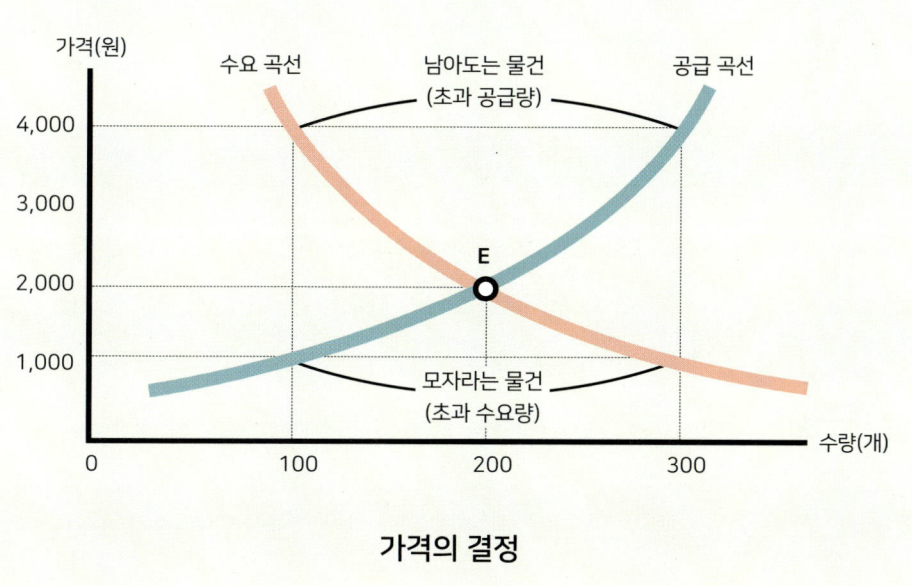

가격의 결정

그렇다면 가격은 어떻게 결정되는 것일까요?

위의 그래프에서 수요 곡선과 공급 곡선이 만나는 점 E가 바로 가격이에요. 그런데 만약 2,000원 하던 사과가 1,000원으로 값이 떨어진다면 어떻게 될까요? 물건 값이 떨어지니 소비자는 신이 나서 더 많은 물건을 사려고 할 거예요. 수요 곡선을 보세요. 사과가 1,000원일 때 수요는 300개나 돼요. 하지만 생산자는 그 가격에서는 손해를 보니까 물건을 내놓지 않으려고 해요. 공급 곡선을 따라가 보면 사과가 1,000원일 때 공급은 100개뿐이에요. 결국 사려는 사과가 200개 더 많아지지요. 이런 상태가 계속되면 수요가 공급보다 많아지니까 물건 값은 다시 올라가게 됩니다.

반대의 경우도 마찬가지지요. 가격이 오르락내리락, 물건이 넘쳐났다가 모자랐다가, 사는 사람이 와글와글 모였다가 쏙 줄어드는 과정이 수없이 반복되다가 어느 순간 수요와 공급이 서로 딱 맞아떨어지게 됩니다. 이때의 가격을 '균형 가격'이라고 하지요. 사람들은 이 균형 가격에 맞추어 무엇을 얼마만큼 생산하고 소비할지 결정해요.

이처럼 누군가가 억지로 가격을 정하는 것이 아니라, 시장에서 사려는 사람의 수와 팔려는 사람의 수에 따라 가격이 결정되고, 이 가격을 위해 자유롭게 경쟁하는 경제를 '시장 경제'라고 부릅니다.

시장에서의 가격은 소비자와 생산자 모두에게 이득을 줍니다. 소비자와 생산자 모두가 내 이익을 위해 이기적으로 움직이지만 모두 다 잘살게 되는 것이지요. 시장에서 조정된 가격은 가장 효율적으로 물건을 만들 수 있는 사람이 물건을 생산하게 합니다. 또 그 가격이 만

보이지 않는 손

족스러운 사람들이 물건을 사게 만듦으로써 물건을 효율적으로 배분해 주지요. 결국 가격이 소비자와 생산자를 모두 만족시켜 주므로 모두가 다 행복해질 수 있는 것이에요.

이러한 가격의 놀라운 역할을 가리켜 영국의 유명한 경제학자인 애덤 스미스는 '보이지 않는 손'이라고 불렀어요. 개인이 각자 추구한 이익을 보이지 않는 손이 결국 모두의 이익으로 바꾸어 준다는 뜻이지요. 보이지 않는 손의 역할이 정말 대단하지요?

세상 속으로 바가지 요금은 왜 생길까요?

여름 휴가철이 되면 텔레비전과 신문에서 '피서지의 바가지 요금' 기사를 보게 됩니다. 기자들은 평소보다 몇 배나 비싸게 가격을 부르는 장사꾼들이 파렴치하다고 비난하기 일쑤입니다. 그리고 이런 일이 없었으면 좋겠다고 말하지요.

해운대 해수욕장의 여름 풍경

해운대 해수욕장의 겨울 풍경

두 장의 사진을 비교해 보세요.

왼쪽 사진은 여름의 해운대 해수욕장 사진이고, 오른쪽은 겨울의 풍경을 찍은 사진이에요. 여름 피서철에는 울긋불긋한 파라솔들이 줄지어 늘어서 있고, 수많은 사람들이 개미 떼처럼 몰려 있어요. 텅 빈 모래사장이 두드러진 겨울의 모습과는 대조적이지요.

그렇다면 겨울에 해운대 해수욕장에 가서 바가지 요금을 만나는 일이 있을까요? 수요와 공급, 그리고 그에 따른 가격의 형성을 이해한다면 '바가지 요금'에 대해 더 이상의 설명이 필요하지 않을 거예요. 여름에는 해수욕장을 이용하려는 수요가 많기 때문에 자연스럽게 가격이 올라가는 것이지요.

마찬가지 현상을 또 찾아볼 수 있습니다. 가끔 농민들이 쌀값이 떨어진다고 아우성치고, 차라리 수확을 안 하는 것이 낫다며 논을 갈아엎는 시위를 벌이는 것을 볼 수 있지요. 그러면 정부는 농민들을 달래기 위해 해결 방안을 내놓아요.

그렇지만 정부의 노력에도 쌀값은 계속 떨어져요. 쌀값이 떨어지는 이유는 간단합니다. 우리 국민들이 예전만큼 쌀을 먹지 않게 된 것이에요. 아침 식사를 밥 대신 빵으로 하는 경우가 흔해졌지요. 쌀의 소비는 계속 줄어드는데 쌀의 생산량은 오히려 늘어나고 쌀은 남아돌게 됩니다. 이런 상황에서 정부가 의도적으로 가격이 내려가지 않도록 개입하게 되면 쌀은 계속해서 남고, 가격은 더 떨어지게 되지요.

김장철의 채소 풍년도 마찬가지예요. 풍년이 드는 해에는 배추와 무가 너무 많아 가격이 떨어지는 경우가 있지요. 이때 농부들은 일부러 배추를 못 먹게 만들어 버리기도 해요. 그러면 배추 공급이 줄어들어 배추 값이 오를 수 있으니까요. 결국 농부들은 적은 배추를 판매하고도 더 많은 수입을 얻을 수 있지요.

경제가 보이는 퀴즈

1. 소비자와 생산자의 거래 활동을 자유롭게 하고 서로 협력하게 만드는 것은 다음 중 어느 것일까요? (   )

    ① 상품의 가격

    ② 생산자의 기술

    ③ 정부의 지시

    ④ 사람들의 관습

2. 시장 경제와 균형 가격에 대한 설명 중 바르지 못한 것은 무엇일까요? (   )

    ① 시장 경제란 수요와 공급에 의해 가격이 결정되는 경제이다.

    ② 균형 가격은 가장 효율적으로 생산할 수 있는 사람들에게 물건을 생산하도록 만든다.

    ③ 균형 가격은 그 가격이 만족스러운 소비자로 하여금 물건을 구입할 수 있게 한다.

    ④ 균형 가격은 한번 결정되면 절대로 변하지 않는다.

3. 소비자와 생산자들 사이의 거래 활동을 통해서 이루어지는 경제를 무엇이라고 할까요? (   )

    ① 계획 경제　　　　　② 시장 경제

    ③ 전통 경제　　　　　④ 통제 경제

정답 1.① 2.④ 3.②

쏙쏙! 경제 용어

개방형 가격제

권장 소비자 가격과 달리, 제조한 사람이 제품의 가격을 정하는 것이 아니라 최종적으로 판매하는 사람이 판매가를 정하는 제도를 말합니다. 오픈 프라이스 제도(open price system)라고 합니다. 우리나라에서는 1999년 9월부터 일부 제품에 한해 시행되어 왔었는데, 2010년 7월부터는 라면·과자·아이스크림·빙과류 등 가공 식품 4종과 의류 247종 등으로 확대되어 시행되고 있습니다.

경제 활동

재화(물건)와 서비스를 얻기 위해 생산, 분배, 소비하는 것과 관련된 모든 활동을 말합니다.

공급

생산자가 생산한 물건의 양 또는 팔려고 시장에 내놓은 물건의 양을 말합니다. 돈을 받지 않고 재화를 제공하는 것은 공급으로 보지 않습니다.

공급의 법칙

제품의 가격이 올라가면 그 제품의 공급량이 늘어나고, 가격이 떨어지면 공급량도 같이 줄어드는 것을 말합니다.

공정 무역

국가들끼리의 무역 혜택이 동등한 가운데 이루어지는 무역을 말합니다. 공정 무역은 경쟁에서 뒤처진 지역의 생산자들에게 정당한 가격을 주고 생산품을 사서 생산자들이 계속 발전해 나갈 수 있도록 지원합니다. 커피와 바나나, 초콜릿 등 주로 후진국이나 개발 도상국에서 생산되는 물건들이 공정 무역의 대상입니다.

규모의 경제

자본·노동·토지 등 생산 요소의 사용량을 가장 알맞은 상태로 조정하면서 생산량의 규모를 확장해 나갈 때, 각 상품의 한 개당 비용이 점점 줄어들어 규모를 늘림에 따라 경제적 이익이 발생하는 것을 말합니다.

금리

금융 시장에서 돈을 빌리거나 빌려 줄 때 빌린 돈인 원금에 대해 붙는 이자로, 흔히 이자라고 합니다. 1년에 대한 이자 비율은 연리, 1개월에 대한 이자 비율을 월리라고 합니다.

금융 기관

돈을 빌리거나 빌려 주는 사람들을 연결시켜 주는 기관으로, 은행·상호 저축 은행·농협·수협·증권 회사·보험 회사·인터넷 은행 등이 있습니다.

소비자 주권

자본주의 경제에서 경제의 유형, 산업의 구조, 생산 유형 따위를 결정하는 최종적인 권한은 소비자에게 있다는 원칙입니다. 즉, 소비자가 원하는 상품을 원하는 시기에 원하는 만큼 선택해서 구매할 수 있는 것을 말합니다. 소비자 주권을 지키기 위해 소비자 운동이 일어나고 소비자 주권을 보호하는 단체들이 생겨났습니다. 또 각 방송사에서는 다양한 프로그램을 방송하고 있습니다.

수요

물건이나 서비스를 사고자 하는 사람들의 욕구로, 어떤 일정한 물건에 대해 소비자가 구입하고자 하는 수량, 즉 수요량을 말합니다.

수요의 가격 탄력성

물건의 가격 변화에 따라서 소비자들의 수요가 늘기도 하고 줄기도 하는 것을 말합니다.

수요의 법칙

제품의 가격이 올라가면 그 제품의 수요량이 줄어드는 것을 말합니다.

수익률

주식, 부동산, 채권 등을 샀을 때 생기는 이익(수익)의 비율입니다.

예산

물건이나 서비스를 구입하는 데 필요한 비용을 미리 계산하는 것입니다. 국가나 지방 자치 단체가 해마다 수입과 지출에 대해 계획을 세우는 것도 일컫습니다. 국가는 물론 가정과 개인도 예산을 편성하고, 계획대로 수입과 지출이 일어나도록 관리해야 합니다.

자원

인간의 생활에 도움이 되는 자연계의 일부인 원료 그리고 인간 생활과 경제생활에 이용되는 노동력이나 기술 등을 말합니다. 구리나 철, 석탄, 석유 같은 지하자원(광물 자원)과 인간이 살아가는 땅인 토지 자원, 그리고 인간이 살아가는 데 꼭 필요한 물인 수자원 등을 기초 자원이라고 합니다. 이 외에도 식량 자원, 공업 원료 자원, 에너지 자원 및 노동력이나 기술을 포함하는 인적 자원이 있습니다.

착한 소비

착한 소비는 상품의 질과 가격을 넘어 다양한 사회적 가치를 중시하는 소비 개념입니다. 사회적 책임을 다하는 기업의 상품과 서비스를 소비하여 착한 기업이 착한 제품을 만들어 내도록 하는 원동력을 제공합니다. 공정 무역 제품을 구입하거나, 제품 가격의 일부를 좋은 일에 쓰는 기부 방식도 착한 소비로 분류할 수 있습니다.

한계 원리

아무리 좋은 물건이나 음식도 일정한 수준을 넘어서면 사거나 먹고 싶은 욕구가 줄어듭니다. 따라서 물건을 구입했을 때 들어가는 비용보다 만족도가 크다면 물건을 구입해야 하고, 비용보다 만족도가 작다면 물건을 구입하지 않아야 하는 원리입니다.

PB 상품

자체 브랜드(Private Brand) 상품으로, 가게에서 독자적으로 개발한 상품을 말합니다.

QR 코드

검정색과 흰색의 격자 형태로 정보를 표시하는 이차원 구조의 기호입니다. QR은 Quick Response의 약자로, 빠른 해독(디코딩)이 가능하고, 기존의 바코드에 비해 기록량이 많고 압축적이며 오류 정정 기능 등을 가진 것이 특징입니다.

찾아보기

ㄱ

가격	15, 19, 24, 28, 45, 48, 55, 58, 65
가격 경쟁	97
가격의 형성	103
가격 비교	29
가계	27
개라지 세일	80
개방형 가격제	28
거래	88
경쟁	19, 87, 97
경제 행위	16, 37
공급	65, 69, 97, 103
공급 곡선	98
공급량	66
공급의 법칙	67
공정 무역	48
국민 경제	27
규모의 경제	78
균형 가격	100
금리	37
금속 화폐	91
금융 기관	35
기술 개발	27
기업	27, 49

ㄴ

낭비	35, 80, 89

ㄷ

단리	38
대형 마트	29, 77, 81, 87
도떼기시장	80

ㅁ

매출	70
미끼 상품	26

ㅂ

바가지 요금	102
박리다매	78
벼룩시장	80
보이지 않는 손	101
복리	38
부동산	37

ㅅ

상평통보	91
생산 기술	67
생산 요소	67, 78
생산량	67, 70
생산자	45, 48, 65, 91, 97
생활 협동조합	48
서비스	46, 55

소득	57	저축	35, 57
소비	25, 28, 46, 48, 56, 70, 100	절약	29, 35
소비자	28, 45, 48, 56, 65, 77, 91, 97	주식	37
소비자 주권	46	중간 상인	49, 79

ㅋ

QR 코드	28

수요	55, 59, 69, 77, 97		
수요 곡선	97		
수요량	55, 65		
수요의 가격 탄력성	77		
수요의 법칙	55		

ㅌ

토지	78
투자	39

수익률	37
수입	78, 103
시장	47, 65, 80, 87, 90, 97
시장 가격	66
시장 경제	100

ㅊ

착한 기업	49
착한 소비	48
최고의 만족	25
최소의 비용	25
충동구매	26

ㅇ

알뜰 시장	87
야드 세일	80
예산	25
예금	37
용돈	16
원금	39
은행	38, 47
이자	38

ㅍ

PB 상품	26
판매량	70

ㅎ

한계 원리	25
합리적 소비	25
현물 화폐	91
화폐	91
희소성	15

ㅈ

자본	78
자원	15, 80, 89
장시	90
재래시장	87

『생각학교 초등 경제 교과서』와 초등학교 사회 교과서 연계표

1권 | 시장 경제 보이지 않는 손이 마술을 부려요

1장 | 희소성과 선택 다 가질 수는 없어요
2장 | 합리적 소비 만족은 크게, 후회는 적게
3장 | 절약과 저축 알뜰한 우리 집을 만들어요
4장 | 소비자 주권 소비자는 왕이에요
5장 | 수요 가격이 내리면 많이 사요
6장 | 공급 비싸게 많이 팔고 싶어요
7장 | 수요의 가격 탄력성 가격 변동에 따라 수요량이 변해요
8장 | 시장과 경쟁 더 나은 발전을 위해 경쟁해요
9장 | 가격 보이지 않는 손의 마술

2권 | 기업과 기업가 정신 우리 사회를 발전시켜요

1장 | 생산 물건과 서비스를 만들어요
2장 | 생산성 적은 비용으로 큰 성과를 거두어요
3장 | 기업 언제나 이익을 추구해요
4장 | 분업과 전문화 일을 나누어 효율을 높여요
5장 | 기업가 정신 도전하고 모험해요
6장 | 장인 정신 한 가지 일에 몰두해요
7장 | 브랜드와 광고 제품의 가치를 높여요
8장 | 경제 성장과 기술 진보 생활의 질이 높아져요
9장 | 신용 신용을 지켜요

3권 | 돈의 흐름 돈은 어디로 갈까

1장 | 교환 서로 바꾸어 써요
2장 | 화폐 돌고 돌아 돈이에요
3장 | 자본 모든 일에는 종잣돈이 필요해요
4장 | 주식회사 주식을 가지면 회사의 주인이 돼요
5장 | 투자 미래의 이익을 기대해요
6장 | 금융 기관 돈을 빌릴 때 찾아가요
7장 | 한국은행 은행들의 은행이에요
8장 | 인플레이션과 디플레이션 돈의 가치와 물가가 오르락내리락해요
9장 | 보험 나쁜 일을 미리 대비해요

4권 | 정부의 경제 활동 우리 경제를 위해 노력해요

1장 | 국내 총생산(GDP) 나라 경제의 규모를 알 수 있어요
2장 | 재정 나라도 살림을 해요
3장 | 세금 나라에 돈을 내요
4장 | 사회 보장 제도 요람에서 무덤까지 지켜 주어요
5장 | 사회 간접 자본 경제 활동을 위해 꼭 필요해요
6장 | 절약의 역설 무조건 아끼는 것이 정답은 아니에요
7장 | 시장의 실패 시장도 해결하지 못하는 것이 있어요
8장 | 정부의 실패 작지만 효율적인 정부가 필요해요
9장 | 실업 일자리가 필요해요

5권 | 지구촌 경제 꼬리에 꼬리를 물어요

1장 | 자유 무역 자유롭게 서로 사고팔아요
2장 | 보호 무역 자기 나라의 산업을 보호해요
3장 | 국제 수지 다른 나라와 거래해 돈을 주고받아요
4장 | 환율 외국 돈과 우리 돈을 바꾸는 비율이에요
5장 | 지구촌 경제 세계 경제는 밀접히 연관되어 있어요
6장 | 경제 통합 함께 힘을 모아 경쟁해요
7장 | 지속 가능한 성장 환경을 생각하며 경제를 발전시켜요
8장 | 지구 온난화 지구가 점점 따뜻해져요
9장 | 인터넷과 전자 상거래 인터넷 세상에서 사고팔아요

	단원영역	내용요소	『생각학교 초등 경제 교과서』에서는?
3학년	1학기 2단원 우리가 알아보는 고장 이야기 1학기 3단원 교통과 통신 수단의 변화	고장의 생활 모습·무형 문화유산·교통과 통신 수단의 변화·시설·직업신	② 기업과 기업가 정신 – 6장 장인 정신 ④ 정부의 경제 활동 – 5장 사회 간접 자본 ⑤ 지구촌 경제 – 9장 인터넷과 전자 상거래
	2학기 1단원 환경에 따라 다른 삶의 모습 2학기 2단원 시대마다 다른 삶의 모습	농사·도로·항구·용수·염전·수확·고장 사람들이 하는 일·의식주·생활 도구·농사 도구	① 시장경제 – 5장 수요 / 6장 공급 ② 기업과 기업가 정신 – 1장 생산 / 2장 생산성 / 4장 분업과 전문화 / 8장 경제 성장과 기술 진보 ④ 정부의 경제 활동 – 5장 사회간접 자본
4학년	1학기 1단원 지역의 위치와 특성 2학기 1단원 촌락과 도시의 생활 모습 2학기 2단원 필요한 것의 생산과 교환 2학기 3단원 사회 변화와 문화의 다양성	중심지·교통·산업·상업·관광 농업·어업·임업·서비스업·일자리·일손 부족·교류·특산품·관광 산업·상호 의존·경제 활동·선택의 문제·자원의 희소성·생산 활동·소비·시장·상품·생산지·원산지·경제적 교류·저출산·고령화·정보화·세계화	① 시장경제 – 1장 희소성과 선택 / 2장 합리적 소비 / 3장 절약과 저축 / 4장 소비자 주권 / 5장 수요 / 6장 공급 / 7장 수요의 가격 탄력성 / 8장 시장과 경쟁 / 9장 가격 ② 기업과 기업가 정신 – 1장 생산 / 2장 생산성 / 3장 기업 / 4장 분업과 전문화 / 7장 브랜드와 광고 ③ 돈의 흐름 – 1장 교환 / 2장 화폐 / 3장 자본 / 6장 금융 기관 / 7장 한국은행 ⑤ 지구촌 경제 – 1장 자유무역 / 6장 경제 통합 / 9장 인터넷과 전자 상거래
5학년	1학기 1단원 국토와 우리 생활 1학기 2단원 인권 존중과 정의로운 사회	산업화·공업 도시·수공업·중화학 공업·첨단 산업·물류 산업·교통과 산업·일자리·사회 보장 제도·식품위생법·저작권법·납세의 의무·근로의 의무	① 시장경제 – 4장 소비자 주권 ② 기업과 기업가 정신 – 8장 경제 성장과 기술 진보 ④ 정부의 경제 활동 – 2장 재정 / 3장 세금 / 4장 사회 보장 제도 / 5장 사회 간접 자본 / 9장 실업
	2학기 1단원 옛사람들의 삶과 문화 2학기 2단원 사회의 새로운 변화와 오늘날의 우리	교역·기술 교류·농업·실학·상공업·통상	② 기업과 기업가 정신 – 1장 생산 / 2장 생산성 / 6장 장인 정신 / 8장 경제 성장과 기술 진보 / 9장 신용 ⑤ 지구촌 경제 – 1장 자유무역
6학년	1학기 2단원 우리나라의 경제 발전	가계·기업·합리적 선택·생산·소비·경제 활동·비용·이윤·소득·시장·자유와 경쟁·경제 체제·경제 성장·경제 정의·수출·수입·무역·산업·국내 총생산·한류·경제적 양극화·경제 안정·경제 교류·자본·기술·원산지·생산지·경제생활·국가 간 경쟁·상호 의존성	① 시장경제 – 1장 희소성과 선택 / 2장 합리적 소비 / 4장 소비자 주권 / 5장 수요 / 6장 공급 / 8장 시장과 경쟁 / 7장 수요의 가격 탄력성 / 9장 가격 ② 기업과 기업가 정신 – 1장 생산 / 2장 생산성 / 3장 기업 / 5장 기업가 정신 / 7장 브랜드와 광고 / 9장 신용 ③ 돈의 흐름 – 1장 교환 / 2장 화폐 / 3장 자본 / 4장 주식회사 / 5장 투자 / 8장 인플레이션과 디플레이션 / 9장 보험 ④ 정부의 경제 활동 – 1장 국내 총생산(GDP) / 2장 재정 / 3장 세금 / 4장 사회 보장 제도 / 5장 사회간접 자본 / 6장 절약의 역설 / 7장 시장의 실패 / 8장 정부의 실패 / 9장 실업 ⑤ 지구촌 경제 – 1장 자유무역 / 2장 보호 무역 / 3장 국제 수지 / 4장 환율 / 5장 지구촌 경제 / 9장 인터넷과 전자 상거래
	2학기 1단원 세계 여러 나라의 자연과 문화 2학기 2단원 통일 한국의 미래와 지구촌의 평화	산업·생활 모습·상호 의존 관계·경제 교류·경제 협력 자원·기술력·남북 경제 교류·지구촌 환경 문제·친환경적 생산과 소비	② 기업과 기업가 정신 – 1장 생산 ⑤ 지구촌 경제 – 1장 자유무역 / 5장 지구촌 경제 / 6장 경제 통합 / 7장 지속 가능한 성장 / 8장 지구 온난화

사진출처
셔터스톡 www.shutterstock.com
creative commons creativecommons.org
한국저작권위원회 자유이용사이트 freeuse.copyright.or.kr